Sobre o romance histórico

Ficha catalográfica	
M296	MANZONI, Alessandro. 1785-1873
	Sobre o romance histórico / Alessandro Manzoni; tradução, introdução e notas de Tiago Tresoldi. Porto Alegre: Tiago Tresoldi Editore, 2012.
	120 pp. 14 x 21 cm
	Título original: Del romanzo storico
	ISBN da edição americana: 978-1-300-34422-3
	1. Literatura italiana
	CDD - 850

Índice para catálogo sistemático:

1. Literatura italiana: 850

e-mail: tiago@tresoldi.pro.br

Alessandro Manzoni

Sobre o romance histórico

*e, em geral, sobre obras
que mesclam história e invenção*

Tradução, notas e introdução

Tiago Tresoldi

1ª edição

Introdução

Sobre o autor

A vida de Alessandro Manzoni, autor de "Os noivos" (em italiano, "I promessi sposi") e do ensaio aqui apresentado, praticamente coincide com o romantismo, entre seu nascimento em 1785, quatro anos antes do movimento catalisador da Revolução Francesa, e a morte em 1873, com a unificação italiana, ao menos territorialmente, concluída. A coincidência é indiscutivelmente significativa, apesar da independência que sua produção assumiu com relação ao movimento: a raiz da prática manzoniana esteve na produção neoclássica do século XVIII, e seu percurso seguiu, em linha maior, os ditames românticos, principalmente da esfera francesa, para se encerrar numa versão mais teórica e ponderada que, comparando-a às práticas então correntes, poderia ironicamente ser definida como um "romantismo já clássico".

A produção de Manzoni costuma ser apresentada segundo uma divisão tripartida. Em um primeiro momento, entre 1801 e 1809, dedicou-se a uma poesia rigidamente neoclássica na forma, mas enfraquecida justamente por já manifestar um conteúdo dissonante daquele "movimento" por sua explícita ênfase na política e na ética da modernidade. O segundo período, o mais produtivo e indiscutivelmente de maior qualidade artística, vai de 1810 a 1827, quando a adesão ao romantismo e a uma peculiar forma de cristianismo são combinadas; dele lembramos cinco poemas religiosos (os "Inni sacri", de 1812-22), duas tragédias históricas moldadas nas análogas experiências alemãs (o "Il conte di Carmagnola" de 1820 e o "Adelchi" de 1822), uma ode à morte de Napoleão de grande sucesso (o "Il cinque maggio" de 1821) e a primeira edição do romance histórico "Os noivos" em 1827. É também o período dos primeiros ensaios teóricos, como o "Osservazioni sulla morale cattolica" (1819), um prefácio ao "Il conte di Carmagnola" quase ensaio historiográfico, o "Discorso sopra alcuni punti della storia longobardica in Italia" (1822) que serve de *pendant* à experiência dramática do "Adelchi", a importante e pública "Lettre à M. Chauvet" (1820-23) de discurso teórico sobre o ideal romântico e o correlato ensaio "Sul romanticismo" (1823).

A última fase de sua produção inicia com a publicação da primeira versão do romance e é marcada pelo longo processo de revisão linguística desse último, durante o qual amadureceria no autor uma exigência pela manutenção da "verdade" que, em termos práticos, se traduziu no abandono da prática literária em favor da teorização sobre a mesma. São desse período uma série de trabalhos teóricos de menor importância, à exceção do ensaio "Del romanzo storico" (1828-1850), no qual o autor discutia a experiência de leitor do romance histórico e seu descrédito pelo mesmo.

Em suas páginas sobre Manzoni, Natalino Sapegno sintetizava a elaboração poética desse autor que, de certo modo, constituíra um decálogo de sua prática intelectual: nunca trair "a Santa Verdade", vincular-se sempre aos fatos e costumes correntes e, principalmente, sempre subordinar a poesia, entendida como a criação artística em senso amplo, a um propósito ético (SAPEGNO, 1992, p. 15). Afinal, em palavras que demonstravam uma bem aprendida lição platônica, para

6

Manzoni seria risível aquela opinião que buscava a exaltação do ofício poético como uma arte "necessária e sacra", enquanto essa não passa de uma prática de empenho e disciplina menos essencial à sociedade que as ciências físicas, agrárias ou jurídicas. Seu valor, e toda ciência deveria possuir um valor, estaria justamente no propor e desenvolver os termos de uma "função social".

Efetivamente, quando considerada a partir desta perspectiva, toda a atividade intelectual e estética de Manzoni, que assim se define como um caminho em direção à apoteose do romance histórico, se revela uma "progressiva conquista de um conteúdo verdadeiro, épico e dramático, resolvido na narração e na representação" (TELLINI, 2009, p. 21), que ao mesmo tempo havia sido, como reconhecido pelo próprio autor, um progressivo "desliricamento". Naquela sua expressão profundamente particular de romantismo, descia-se do sublime ao terreno, do lírico ao histórico. Tratava-se de uma importante tomada de posição no cenário cultural italiano da época, marcado por uma tradição humanista e elitista da prática literária, resolvendo-se em uma obra que não constitui apenas o primeiro "romance histórico" da Itália, mas a todos os efeitos seu primeiro "romance".

Em verdade, o percurso intelectual de Manzoni termina por se configurar como uma parábola: inicia com as experiências líricas e trágicas e atinge seu auge com o romance, como já apontado, mas se conclui na fase teórica que exclui quaisquer novas aventuras artísticas e chega a considerá-las nocivas. Estamos tratando precisamente do ensaio aqui estudado.

Sobre o ensaio

O ensaio "Del romanzo storico" foi escrito entre 1828 e 1850, naquele arco de tempo, portanto, durante o qual o romance histórico como gênero literário, na forma tradicional modelada sobre Scott, alcança o ponto máximo de seu sucesso para rapidamente ser abandonado e transformado, como pontualmente descrito já por Lukács em seu *Sobre o romance histórico*.

A obra é dividida em duas partes e se abre com a exposição das duas principais, e antagônicas, críticas ao romance histórico: por um lado, o fato de que segundo alguns leitores (e, entende-se, críticos) falharia em sua proposta de instruir, não distinguindo clara ou suficientemente entre o histórico e o inventado, resolvendo-se em uma confusão, quando não em um embuste. Por outro lado e para outros leitores, é negativo o fato de que a mesma distinção, insuficiente para os primeiros, seja todavia excessiva, eliminando assim aquela "unidade narrativa fundamental ao prazer estético" por pontilhar o texto de indícios sobre quanto seria fruto de documentos históricos, e quanto da invenção do autor. Manzoni não busca uma conciliação, mas ao contrário, encenando um julgamento do qual o leitor de romances históricos e de seu ensaio é primeiro testemunha e em seguida juiz, reconhece a validade de cada crítica antes de apontar no relato puramente historiográfico, livre mesmo de especulações e admissões de dúvidas, a única fonte desejável de conhecimento histórico. Ao somar as duas críticas, a condenação é total, pois apesar do gênero ter iniciado em boa imitação horaciana dispondo-se a instruir e deleitar seus leitores, no final se mostra incapaz de ambos. O romance histórico é em última análise "somente uma espécie de um gênero falso que inclui todas as composições que tentam mesclar história e invenção". Como qualquer espécie defeituosa, não é destinado a uma longa vida; o fato de ser "a mais moderna, [...] refinada e engenhosa" dessas espécies não tem nenhuma consequência. (BERMANN, 1996, p. 28)

Em outras palavras, nenhum argumento é refutado: ambos são considerados perfeitamente válidos, de modo que a condenação é total e sem possibilidade de uma apelação. Mais que isso, o romance histórico não passaria de uma expressão tardia de uma antiga prática literária, pois (elaborando o trecho selecionado por Bermann)

o romance histórico não é um gênero falso, mas sim um exemplar de uma espécie de gênero falso que compreende todas as obras nas quais se mesclam história e invenção, qualquer seja sua forma efetiva. Por ser o exemplar mais recente dessa espécie, o romance histórico é a tentativa mais completa e engenhosa até hoje de lidar com esse desafio, que porém segue impossível de ser vencido. (MANZONI, 2012)

9

A raiz dessa preocupação pela impossibilidade de síntese é fruto da singular simbiose manzoniana de ilustração e cristianismo, da ética e da retórica. A condenação é fruto de uma reflexão ética pela qual, naquele momento histórico, somente a prática historiográfica séria poderia ser utilizada como instrumento de educação. É importante ressaltar que não se trata de uma condenação do verossímil, que ao contrário Manzoni não considera apenas válido, mas positivo, como revelam a prática e a teoria dos historiadores admirados no texto, como Vico, Thierry e Fauriel. Com efeito, como lembra Bermann (p. 37-39), ao longo de sua argumentação Manzoni estabelece uma distinção bastante clara dentro da história entre a narrativa histórica e o verossímil, bastante semelhante àquela moderna entre *histoire* e *discours*. É justamente esta distinção que obriga diferenciar o romance histórico (ou, melhor, as obras que "mesclam história e invenção") e a prática historiográfica, pois "Manzoni percebe com razão que a nova moda do romance histórico se sustenta em uma estratégia retórica muito diferente e bastante problemática" (BERMANN, 1996, p. 38), devida ao gênero ser essencialmente um "romance" e não uma "história", sustentando-se na invenção e na fruição, não na verdade e no conhecimento. No gênero iniciado por Walter Scott, a historicidade é um elemento de fomento ao interesse e um instrumento de coesão; estratégia adotada desde sempre na escrita literária, e que nesse caso apenas tendia com maior força para a história, sem contudo afastar-se do romance.

Manzoni não apenas reconhece que não se trata de uma escolha sem antecedentes, mas, não podendo se subtrair ao fenômeno

10

scottiano, também reconhece que essa escolha produziu tanto grandes monumentos literários quanto obras de grandíssimo sucesso entre o público. É o caminho de entrada para a segunda parte de seu ensaio, uma verdadeira história da literatura *sui generis*, que analisa em diacronia o objeto estudado em sincronia na primeira parte.

Partindo de uma perspectiva de história da cultura reconhecidamente devedora do "Scienza nuova" de Vico, Manzoni inscreve o romance na tradição épica e defende que mesmo nos textos homéricos o público era capaz de distinguir com facilidade os elementos inverossímeis das narrativas, aceitos como míticos, apesar de reconhecer com dificuldade a diferença entre o histórico e o ficcional no tecido verossímil, em função de uma diferente noção de história, e, subentende-se, de verdade e conhecimento. A primeira consequência, claramente usando os antigos para falar dos modernos, é que pelo valor cultural e social daquelas narrativas o povo se tornava fácil objeto de manipulação. É o que se defende, por exemplo, com relação, à épica romana, pois

> [a] forma mais antiga na qual aquelas narrações chegaram até nós é a forma típica da história: parece verossímil que tenham estado por pouco tempo nas mãos dos poetas cíclicos, se é que em algum momento estiveram. Esta forma original era, como disse Vico a respeito da antiga lei romana, "um poema sério"; mas parece pouco provável que os patrícios romanos, costumeiramente guardiões, conservadores e consagradores, tivessem deixado aos cuidados de artistas

e mestres da plebe a história na qual se lançavam as fundamentas das instituições criadas para manter seu domínio sobre a plebe. (MANZONI, 2012)

Em um certo momento da história (não especificado mas que se entende começar gradualmente na época do Império de Roma) o público começa a perceber a diferença entre história e invenção. Mas a inexistência de uma história científica, como aquela do século XIX, e das condições para sua prática permitem que a avaliação das obras literárias se concentre na invenção, permitindo apreciá-las "unicamente por sua beleza e interesse" (BERMANN, 1996, p. 41). Um exemplo é a "Eneida" (cuja redação e recepção serão logo depois comparadas com aquelas da "Pharsalia" de Lucano), contemplada com uma reverência classicista e estudada com um cientificismo que ressalta um "gênio" caracteristicamente romântico.

A evolução da épica, passando pela antiguidade tardia, pela Idade Média e pelo Renascimento, chegando ao Iluminismo e portanto à prática científica da história, é acompanhada passo a passo e com exemplos. Mais do que traçar um panorama do gênero, o objetivo é evidenciar a hipótese já evidente no tratamento dado a Homero e Virgílio: a prática literária que mesclava invenção e história adaptou-se progressivamente às modificações e evoluções dessa última, que somente apresenta uma inovação digna desse nome ao alcançarmos a "época histórica", aquela que tem a consciência científica sobre si própria. Não se trata de uma consciência compartilhada por todos, muito menos pelas massas, mas ainda assim constitui um obstáculo insuperável a uma nova expansão da épica, destinada a acolher as

12

evoluções da história. É o momento representado pela "La Henriade" de Voltaire, à qual Manzoni concede não poucas palavras e elogios, reconhecendo porém que se insere nos interstícios entre duas concepções de história, proporcionados por uma ciência nascente e incerta.

O romance histórico é a expressão derradeira dessa perene mescla entre história e ficção, possível apenas por precisos contextos sociais, culturais e econômicos e, especialmente, pela maestria de Scott. Mas se tratava, desde o início, de uma expressão destinada a uma vida curta, pois nascida já nos limites da capacidade de incorporação da história à ficção; não apenas isso, mas em uma ficção à qual Manzoni parece reservar pouco espaço para o futuro, lembrando muito mais Platão que seu preferido Aristóteles. Como dito já em direção à conclusão de sua argumentação, ele

> [n]ão quer[ia] certamente [s]e juntar àqueles que lamentam, ou que talvez lamentavam (pois já deveriam ter parado a esta altura), aquelas épocas tão poéticas do paganismo, aquelas lindas ilusões perdidas para sempre. O que nos diferencia dos homens daquelas épocas é sermos dotados de uma crítica histórica que busca a verdade positiva nos acontecimentos passados, e, o que é ainda mais relevante, termos uma religião que, por ser verdade, não pode se adaptar convenientemente a alterações arbitrárias e elaborações fantasiosas. Devemos por acaso nos lamentarmos quanto a isto? (MANZONI, 2012)

Na prática, ao acompanhar a evolução histórica desse gênero, com atenção para sua parábola final, Manzoni busca confirmar as duas acusações da abertura do ensaio. O veredicto deixa pouco espaço ao romance histórico, pois, como dito em conclusão,

> aquelas duas críticas opostas que nos forneceram os argumentos para esta análise do romance histórico já haviam sido apresentadas no início e no auge do gênero, como os germes que provocariam as doenças mortais em um recém-nascido de aspecto saudável. [...] Afinal, o romance histórico continua igualmente popular? Existe a mesma vontade de escrever romances históricos, e a mesma vontade de ler aqueles que já foram escritos? Não sei responder, mas imagino que, se este ensaio tivesse sido difundido trinta anos atrás, quando o mundo esperava ansiosamente e devorava avidamente os romances de Walter Scott, teria sido julgado como extravagante e temerário em função de sua opinião sobre o romance histórico. Hoje, se alguém tiver a bondade de se ocupar dele e lhe atribuir os mesmos adjetivos, será por motivos bem diferentes. E trinta anos não deveriam ser nada para forma de arte destinada a viver. (MANZONI, 2012)

Sobre o valor do ensaio hoje

O "Del romanzo storico" difere dos anteriores ensaios de Manzoni por uma menor qualificação como teoria literária que, por se afastar do imediato de sua época, torna sua discussão teórica mais válida. Contudo, aqueles mesmos textos, ao discutir a melhor estrutura para a tragédia histórica, as inadequações das unidades clássicas e a definição do romantismo, são um documento importante não somente do percurso do autor, mas também do quase licencioso caráter de resposta que esse último ensaio assume ao justificar sua prática romancista. Por exemplo, é essencial saber como Manzoni, na "Lettre à M. Chauvet", distinguia a escrita histórica daquela poética por meio de uma sutil diferenciação de campos, cabendo ao historiador a história, o "fato", e ao poeta os interstícios da história no qual encontrava o nó de todo o drama romântico.

Não menos importante é lembrar como Manzoni se associava explicitamente ao romantismo, ou ao menos ao *seu* romantismo, no ensaio "Sul romanticismo". Nesse, o movimento era definido pela rejeição às unidades clássicas, por serem empiricamente inaceitáveis, às mitologias, por sua "idolatria das paixões", e à prática da pura imitação, pois afirmava que todo grande autor sempre se distinguira precisamente pela originalidade com a qual se inscrevia na tradição literária. Ainda mais importante era sua defesa do único ponto comum a toda a produção romântica: o identificar na "verdade", possivelmente desconhecida, a fonte para um prazer "nobre e duradouro". Contudo, a "verdade" não residia apenas na correspondência com o mundo fenomenológico, mas podia ser encontrada mesmo na fábula.

Era sobre estes alicerces que seria erguido seu romance histórico que narra a interferência caprichosa dos poderosos na vida do povo. Mas o longo processo de redação, aliado a um sucesso tão grande quanto inesperado, sujeitou-o a não poucas dúvidas sobre a possibilidade do romance histórico, particularmente com a proliferação e decadência qualitativa do gênero entre 1820 e 1850.

A prova da crescente angústia de Manzoni com esta forma artística é precisamente essa reflexão, ao mesmo tempo sentença e elogio fúnebre do gênero. Sentença pronunciada de maneira talvez inesperada, pois, adiantando em cem anos algumas das que seriam as preocupações centrais da Estética de Recepção, Manzoni chamava em causa o leitor como poucas vezes fora feito, em seu papel não apenas de receptor da obra literária em si, mas como parte ativa da discussão artística.

É assim que, como já lembrado, o leitor passa rápida e sutilmente de espectador de um debate sobre o romance histórico a juiz das possibilidades e das dúvidas de um Manzoni teórico que, e não se tratava de um mero artifício retórico, já estava distante do Manzoni autor de "Os noivos". É o primeiro a pedir ao leitor que julgue não apenas a legitimidade do romance histórico em geral (e daquele manzoniano em particular, que apesar de nunca citado permeia a inteira argumentação), mas de todos seus ancestrais literários, cada qual segundo os padrões e as exigências de seus contextos específicos.

É a escolha que justifica lermos, ainda hoje, seu ensaio. Afinal, o interesse e as opiniões a respeito de Manzoni e de sua obra mudaram profundamente desde a publicação de seu romance. Se, como lembrava Sapegno, a resposta imediata havia sido uma quase ovação que logo transformou o romance em parâmetro para quase todas as experiências de literatura em prosa italiana, verso o final do século as profundas modificações sociais e científicas — bem como políticas em uma Itália finalmente unificada — que acompanharam e provocaram a fadiga do romantismo fizeram com que fossem lançados à experiência manzoniana, e ao romance histórico em geral, olhares mais de honesto desinteresse que de engajada dúvida.

Algumas décadas depois, a experiência fascista motivaria uma nova atenção pela obra, que, além de ter servido por um século como modelo de língua não apenas literária, podia ser facilmente assimilada à busca nacionalista e mesmo ao discurso político pedagógico, populista e demagógico. Esse uso foi de qualquer maneira superficial e secundário a uma corrente de resistência durante o imediato pós-guerra a qual, apesar de reconhecer as afinidades políticas de Manzoni, também avaliava na obra seu espírito de investigação e a madrugada de uma nova forma de consciência individual; exatamente por serem peças historicamente verossímeis sobre um tabuleiro barroco (a trama do romance se passa, cabe lembrar, no início do século XVII), suas personagens ainda eram "vivas" e "verdadeiras".

Quanto ao ensaio em questão, também em função do renovado interesse pelo romance histórico nas últimas décadas tenha se desenvolvido um movimento de redescoberta do mesmo. "Redescoberta", pois durante muito tempo, a única exceção sendo talvez Lukács, a crítica inclusive e principalmente italiana tivera pouco interesse por ele, tornando-o uma simples refutação da obra pelo autor, causada pelo emudecimento de sua inspiração poética, como afirmava em pesadas palavras Francesco De Sanctis:

> Este novo Tasso, ao avaliar posteriormente sua ideia, seu propósito, sua maneira e seu resultado, em um momento em que sua força poética enfraquecera, quando o crítico havia conquistado o artista, chamou em questão todo o tema e publicou seu ensaio "Sobre o romance histórico"; neste ele tentou demonstrar que a aprovação que havia recebido era o produto de uma moda, que "Os noivos" estava destinado a desaparecer como os romances de Scudéry e, assim ele disse, [também] os de Walter Scott. Na condição de crítico ele disse: "desaprovo meu romance". (BERMANN, 1996, p. 19)

Uma interpretação não sem justificativas, pois é fácil reconhecer como, ao discutirem o romance histórico em abstrato, as vozes discordantes da primeira parte do ensaio debatem precisamente a experiência manzoniana. O ensaio se constitui, no fundo, como uma resposta às muitas críticas das quais seu romance era objeto. Era fácil ler nestas opiniões uma desistência, uma negação de sua própria obra; mas como lembra a autora norte-americana, a aflição de Manzoni era de essência retórica, e não artística, pelo desejo da apresentação de verdades obtidas com métodos historiográficos com precisas finalidades sociais e políticas.

Chegamos ao debate contemporâneo no "problema retórico perene" de conciliar os modos histórico e poético. Afinal, a construção linguística da verdade, entre as possibilidades, não exclusivas, de uma "verdade coerente" e de uma "verdade correspondente", é o foco destas discussões, nas quais se impõe a visão estruturalista e pós-estruturalista do texto literário como um imenso reservatório de potenciais interpretações, diversas e mesmo conflitantes; a verdade linguística seria incapaz de corresponder a algo externo e nem mesmo deveria se referir à intencionalidade do autor, para alguns estabelecendo-se unicamente durante o processo, pessoal e subjetivo, da significação. É exatamente esta origem do significado, que dialoga mas não depende de algo externo ao sistema do texto onde nasce, que impossibilitaria não apenas a visão de história de Scott e Manzoni mas, partindo de Hayden White, todo "fato", segundo a lição barthesiana de que este nunca tem uma existência além daquela linguística. Em seu ensaio Manzoni duvidava da capacidade e dos motivos do romance histórico no "refletir" a realidade, mas na filosofia de derivação pós-estruturalista em geral esta dúvida é ilusória porque, de maneira inversa, seria sempre a narração linguística a "criar" a realidade.

Como lembra Bermann, é indiscutível que a solução pós-estruturalista, e não precisamos nem mesmo alcançar extremos como Derrida, resolva o problema que Manzoni enfrentava no início de seu ensaio: se este se equilibrava nas dúvidas sobre a diferenciação entre o discurso histórico e aquele inventado, é suficiente reduzir ambos a um mesmo plano retórico onde ilusoriamente se encontrem as diferenças, assim solucionando os dilemas éticos do gênero e, por consequência, mesmo aqueles estéticos. Mas é ainda mais indiscutível como em sua dúplice qualificação iluminista e cristã Manzoni, e mesmo Lukács que no fundo partia dos mesmos questionamentos, não teria jamais aceito uma solução deste tipo. De fato, esta [solução] se sustenta naquele tipo de nominalismo linguístico que Manzoni rejeitava e que, poderíamos até mesmo dizer, temia religiosamente [...]. [Afinal, tal nominalismo] reduz a construções linguísticas criadas [unicamente] pelo homem, e portanto ao arbitrário, qualquer coisa que possa de outra maneira ser entendida como verdade, incluindo nisto aspectos e verdades que Manzoni considerava invioláveis. Se o pensamento estruturalista e desconstrucionista consegue assim tornar discutível uma questão estreita, Manzoni indubitavelmente consideraria que ela abre um inteiro abismo ético e epistemológico. (BERMANN, 1996, p. 41)

Mais que apenas o autor de um obscuro ensaio do século retrasado, Manzoni pode ser tomado como um dos porta-vozes de uma grande corrente oposta à linha pós-estruturalista que se mostra ela também insatisfeita com este "abismo epistemológico". Não se trata de apontar as pesadas críticas em sua direção, das quais devem ser lembrados ao menos Michel Foucault, John Searle e Jürgen Habermas, mas de procurar entender como dialogaria com esta, mesmo se tratando certamente de uma áspera diatribe, tanto o Manzoni teórico quanto aquele autor. Podemos conjeturar, opiniões análogas àquelas de Wayne Booth e especialmente de Carlo Ginzburg e Paul Ricœur: são as teorizações sustentadas sobre as argumentações desse dois últimos, o primeiro pela lembrança da prática historiográfica que não se resume na enunciação e o segundo pelas diferentes qualificações discursivas, e que infelizmente não podemos desenvolver melhor aqui, que nos parecem apontar o melhor caminho de saída desse labirinto epistemológico.

Subjaz a diferença na concepção da "qualidade sistemática" da linguagem narrativa: poética para Barthes e Derrida, referencial para Manzoni e Ricœur. Com efeito, a reflexão deste último, que como Manzoni também se vinculava a anteriores e incisivas expectativas religiosas e a uma prática exegética, se centrava na diferenciação entres os tipos de discurso e de modo particular entre os tipos de verdade. Seria possível descrevê-la como uma profunda elaboração filosófica daquela intuição manzoniana sobre os "convencimentos" adequados ao discurso histórico e àquele poético; a diferença é que se Ricœur agia segundo uma prática de sistematização em última análise estrutural e "fria", mesmo para distinguir-se da forte vinculação ideológica dos autores das propostas contrárias, Manzoni era "fervoroso" em sua orientação ética e religiosa voltada à história e à realidade. Neste sentido, devemos defini-lo um "autor engajado", com o desejo nunca escondido de que sua produção servisse de instrumento para mudanças sociais e políticas; não por acaso o ímpeto também revolucionário, e por sua vez também um tanto ingênuo, de Lukács o apreciaria tanto, a despeito das notáveis divergências filosóficas entre aquele membro de uma aristocracia quase burguesa e aquela voz da crítica literária marxista de passado burguês.

A centralidade da história nas discussões de ambos não é contudo similar: se esta é o verdadeiro eixo do pensamento lukácsiano, não somente pelo primeiro idealismo hegeliano, depois revisado em linha marxista, mas também na compreensão para todos os efeitos neo-kantiana da coisa em si de nomes quais Ernst Cassirer e Max Weber, que desembocaria na mesma postura sociológica antipositivista, ele nunca discute em detalhe a relação da escrita historiográfica com aquela poética. Trata-se precisamente da relação que tanto preocuparia o primeiro, lembrando seus ensinamentos do primeiro romantismo alemão de onde extraíra sua díade que, a bem ver, outra coisa não é que o interesse romântico entre o fato objetivo e a intenção subjetiva, com um grande privilégio desta última.

Mesmo as caracterizações e as delimitações de "história" não diferem exclusivamente entre os dois: seja para Lukács seja para o Manzoni de quem se alimentava, e pelos mesmos motivos de mudança social e política, a história era essencialmente uma força dinâmica e não estática. Também por isto, ao contrário de algumas interpretações que se difundem no estudo do romance histórico, como Manzoni Lukács não podia compartilhar de uma separação nem mesmo teórica entre o mundo objetivo da história e aquele subjetivo da invenção: afinal, a história é o parâmetro segundo o qual se deve orientar a narração. Encontramos assim um ulterior ponto de contato na preferência de ambos pela literatura mais objetiva e menos subjetiva, pois ambos repetem a intuição romântica que encontrava na épica a origem do romance, e Lukács em particular explica suas mudanças segundo as diferentes matrizes culturais, em movimentos dialéticos que, apesar de sustentados por premissas bem diferentes, não se afastam excessivamente da explicação viquiana de Manzoni.

Chegamos assim ao grande denominador comum entre os dois pensadores e que, por si, já justificaria alguma atenção a esse ensaio oitocentista: o fato de que o romance seja a evolução da épica em uma época, aquela moderna, na qual a consciência de unicidade e participação na história não permitem mais uma abordagem totalizadora do mundo, apesar de o romance frequentemente não abrir mão de sua característica vontade de representação total. Embora Lukács parta de uma simples compreensão dialética — e cabe sempre lembrar que seu "Teoria do Romance" é uma obra muito mais hegeliana que o "Sobre o Romance Histórico", de ditames mais marxistas — e Manzoni de uma dicotomia aristotélica ou, porque não, de um racionalismo católico, ambos se revelam céticos sobre as possibilidades futuras do romance, em particular aquele histórico, pela sua essencial natureza bipartida e problemática. Se Manzoni encontra uma solução, mesmo sem convencer completamente nem a si próprio, a partir dos "consentimentos" que preanunciam os "pactos narrativos" da crítica moderna, Lukács compreende o romance como uma tensão entre o desejo e a ineficácia da mímese efetiva da realidade, cuja síntese é a ironia representativa não apenas do romance, mas de toda a era moderna.

Praticamente supérfluo dizer que a despeito desse ponto em comum há notáveis diferenças entre as duas propostas. Em Manzoni, que havia escrito "Os noivos" sob a ótica de um otimismo dirigido ao futuro ainda em nada abandonado à época de seu ensaio, a essência problemática do romance histórico era um sinal quase apostólico de uma prática literária ainda não concreta mas próxima, que se anunciava positivamente também a causa da novidade absoluta para o homem moderno de poder, e mesmo ter de, conciliar a verdade histórica e a subjetiva.

Nessa renovação se via a herança da prática iluminística de

nomes como Augustin Thierry, tão apreciado por Manzoni e tão criticado por Barthes que o tomava por metonímia da ilusão oitocentista da verdade histórica, aliada a uma necessária verdade religiosa e subjetiva que, em poucas palavras, se traduzia não somente em ditames morais, mas também e especialmente na ética literária. Da sua parte, ao contrário, um Lukács inserido nas mais escuras fases fascistas da Segunda Guerra e direcionado pela Frente Popular de clara orientação estalinista podia somente tentar se conformar aquela natureza dúplice e não solucionável, fonte apenas de algumas lições.

No fundo, voltamos ao impasse sobre a verdade, que se Manzoni podia superar graças a uma fé talvez mais moral que religiosa, a Lukács não era permitido escapar, tanto por sua forte inclinação ideológica, quanto pelo protagonismo de alguns dos maiores absurdos daquela mesma "história".

É precisamente este aspecto de uma fé não necessariamente religiosa que melhor explica as divergências entre o Manzoni teórico e Lukács, e em seguida suas convergências contrárias à virada barthesiana. O vetor fundamental do pensamento de Manzoni é uma honesta e profundíssima fé no livre arbítrio humano, mesmo frente às exigências da história e de uma representação eficaz e verossímil da mesma. Isto não significa absolutamente que o elemento histórico seja descuidado, pelo contrário: se as personagens de "Os noivos" têm plena liberdade de escolha, o condicionamento e a consciência sociopolítica eram tão fortes que seriam julgados por Lukács de mais amplo respiro que qualquer tentativa anterior neste sentido.

Mas se o objetivo de Lukács, ou pelo menos sua proposta, com relação ao romance histórico é, em suma, programático, mesmo pela possibilidade de uma continuidade em chave antifascista, aquilo que Manzoni deixa entender é mais uma expressão estética provocada por um programa fortemente vinculado: uma diferença aparentemente tênue, mas importante, inclusive pelo referencial contemporâneo, pela liberdade de composição e interpretação.

Sobre a publicação

A publicação da tradução do ensaio de Manzoni é a última etapa de um projeto de pesquisa pessoal, iniciado formalmente em 2009 e cujo principal resultado é a dissertação de mestrado já defendida.

Como dito sempre por Bermann, a motivação para essa tradução é simples: aquele de Manzoni é claramente o mais importante ensaio do século XIX sobre o romance histórico. Além disto, é um exemplo de comentário crítico, e neste caso de rara desconfiança e mesmo detrimento, de um autor em relação à sua obra, coroando com um final inesperado (quase poderíamos chamá-lo de "anti-clímax") o percurso inicialmente otimista do autor em direção a uma articulação entre a verdade histórica e a poética. Sua tradução seguiu, de maneira por vezes excessiva, as notas explicativas, a prática e os objetivos da autora norte-americana em sua tradução para o inglês, a ponto de nada haver a acrescentar além de suas notas sobre aquela tradução:

> Apesar de traduções de prosa italiana do século XIX poderem soar pitorescas e tortuosas aos ouvidos

[brasileiros do século XXI], o original de Manzoni ressoa com um vigor e uma ironia que ainda são atraentes como o eram há mais de cem anos, e [assim] tentei capturar algo desta complexa energia. [...] Em vários pontos Manzoni cita textos latinos e, em um caso, em provençais na língua original. Seus leitores, educados de maneira mais clássica, não precisavam de traduções. Mas a maioria dos leitores [brasileiros] precisa, e tentando comunicar diretamente com o público de hoje da mesma forma como Manzoni fizera com o seu, deixei o texto original em língua estrangeira no corpo da tradução mas ofereci uma versão [em português] nas notas de rodapé. (modificado de BERMANN, 1996, p. 1)

Alessandro Manzoni

Sobre o romance histórico
e, em geral, sobre obras
que mesclam história e invenção

Intelligo te, frater, alias in historia
leges observandas putare, alias in poemate.
Cícero, *De legibus* I, 1.[1]

ADVERTÊNCIA

O autor estaria em grandes dificuldades se fosse obrigado a afirmar que as opiniões expostas no *Discurso* a seguir estejam de acordo com a *Carta* que o antecede[2]. Pode apenas dizer que, se mudou de opinião, não foi para voltar atrás. Se este movimento tenha sido uma evolução em direção à verdade ou um passo em direção ao erro, será a discrição do leitor a julgá-lo, caso lhe pareça que o argumento e o trabalho possam merecer alguma atenção.

PRIMEIRA PARTE

O romance histórico é objeto de duas críticas diferentes, aliás diretamente opostas; e como estas críticas se referem à essência do

---

[1] [N.d.T.] "Entendo, irmão, como julgues serem umas as leis a observar na história, e outras na poesia."

[2] [N.d.T.] Manzoni referia-se à Lettera a Monsieur Chauvet, que na edição definitiva das Opere Varie (1845) vinha imediatamente antes deste ensaio.

27

gênero e não a meras qualidades secundárias, expô-las e examiná-las parece-me uma boa maneira, senão a melhor, para entrarmos, sem preâmbulos, no cerne do argumento.

Algumas pessoas se lamentam que em certos romances históricos, ou em certas partes de um romance histórico em particular, o fato não esteja claramente diferenciado da invenção e que, por consequência, não se alcance um dos objetivos principais deste tipo de obra, que é a representação fiel da história.

Para entender quanta razão estas pessoas possam ter, é necessário desenvolver quanto dizem, cuidando para não afirmar nada que não esteja implícito ou subentendido em suas palavras. Não creio esteja fazendo nada além do desenvolver as fundamentações lógicas de seus lamentos, fazendo-os falar desta maneira ao paciente, ou melhor, ao autor do romance histórico:

"O objetivo de sua obra era nos apresentar, de uma forma nova e especial, uma história mais rica, mais variada, mais refinada que aquela encontrada nas obras geralmente apresentadas com este nome, e como por antonomásia. A história que esperávamos não era uma narração cronológica unicamente de eventos políticos e militares com, excepcionalmente, algum acontecimento extraordinário de outro gênero; era uma representação mais geral da condição humana em uma época e lugar naturalmente mais restritos do que aqueles sobre os quais os trabalhos de história, no sentido mais corrente do vocábulo, se estendem. De certo modo, entre vossa obra e aquelas existe a mesma diferença que há entre um mapa geográfico, no qual são indicadas as cadeias de montanhas, os rios, as cidades, os vilarejos e as estradas provinciais de uma região, e um mapa topográfico no qual, além de tudo isto mais particularizado (e tudo quanto pode ser representado em um espaço muito mais reduzido) são assinaladas também as elevações menores e os desníveis ainda menos perceptíveis do terreno, os córregos, os canais, as aldeias, as casas isoladas, as trilhas. Esperávamos costumes e opiniões, tanto aqueles geralmente aceitos quanto aqueles peculiares a esta ou aquela classe social; as consequências privadas dos grandes acontecimentos públicos que são mais propriamente definidos históricos, ou das leis e das vontades dos poderosos, qualquer seja a maneira como são manifestadas; em suma, tudo quanto uma sociedade em uma dada época teve de mais característico, em todas as condições de vida e nas relações de uma com as outras. Era isto que havia sido proposto nos fazer conhecer, na medida de quanto o autor, por meio de diligentes pesquisas, havia sido ele próprio capaz de alcançar[3]. E o deleite que se propunha produzir era aquele que surge naturalmente ao se adquirir um conhecimento deste tipo, e especialmente do adquiri-lo por meio de uma representação, por assim dizer, viva, posta em ato.

"Dito isto, desde quando confundir é um meio para fazer conhecer? Conhecer é acreditar, e para poder acreditar, quando sabemos que daquela representação nem tudo é igualmente verdadeiro, é necessário precisamente que se possa distinguir. Mas como? O autor quer fazer conhecer fatos reais, mas não fornece os meios para que sejam reconhecidos precisamente enquanto realidade? Por que então desejou-se que a tais fatos coubesse uma parte extensa e

---

[3] [N.d.T.] Como lembra Bermann, as opiniões de Manzoni são similares às de Balzac em seu "L'avertissement du gars" (1828), no qual o autor francês explicava que o romance histórico deveria ser uma tela na qual a história pintada se tornaria perceptível e familiar.

principal da obra? Por que esta caracterização de 'histórico', aplicada para se diferenciar e ao mesmo seduzir? Afinal, era perfeitamente sabido que existe um interesse tão vivo e poderoso quanto especial pela aprendizagem do que realmente ocorreu, e de como realmente se deu. E após ter encaminhado e excitado desta forma a curiosidade do leitor, pode-se imaginar ser capaz de satisfazê-la ao se apresentar algo que poderia sim ser real, mas igualmente poderia ser um fruto da invenção do autor?

"Note como, ao fazer esta crítica, se esteja ao mesmo tempo tecendo um cumprimento: discute-se com um escritor que claramente soube escolher bem seus temas e manejá-los de igual forma. Caso se tratasse de um romance tedioso, repleto de ações ordinárias, possíveis em qualquer época e portanto peculiares a nenhuma, o leitor teria fechado o livro sem grandes preocupações. Mas justamente pelo fato da ação, das personagens, das circunstâncias, do modo e das consequências que são apresentadas atraírem e manterem fortemente sua atenção, nasce nele um desejo mais vivo, mais inquieto e, acrescentaria, mais racional de saber se nestes deva enxergar uma manifestação real da humanidade, da natureza, da Providência, ou somente uma possibilidade ditosamente encontrada pelo autor. Quando alguém com fama de mentiroso nos narra um caso interessante, o tomamos por verdade? Nos sentimos satisfeitos? Pois o autor (como escritor e não como pessoa, é claro) parece-se com este, ou seja, com alguém que narra o verdadeiro e o falso sem distinção; e se não permite que se distinga um do outro, deixa o leitor insatisfeito como o deixaria aquele zombeteiro.

"Instrução e deleite eram os dois intuitos do autor; mas, justamente por estarem tão ligados, quando se falha em alcançar um, escapa também o outro; e assim o leitor não se sente deleitado, exatamente por não se perceber instruído."

Estes críticos poderiam certamente dizê-lo de melhor forma; mas mesmo dizendo-o assim, é preciso confessar que têm razão.

Há outros porém, como dito no início, os quais desejariam exatamente o oposto. De modo contrário, se lamentam que neste ou naquele romance histórico, nesta ou naquela parte de um certo romance histórico, o autor efetua uma distinção explícita entre o fato e a invenção: uma prática que, dizem, destrói aquela unidade que é a condição vital deste como de qualquer outro trabalho artístico. Observemos em maior detalhe as bases desta outra queixa.

"Qual é – imagino queiram dizer – a forma essencial do romance histórico? A narrativa. E o que podemos imaginar de mais contrário à unidade, à continuidade da impressão de uma narrativa, ao nexo, à cooperação, ao *coniurat amice*[4] de cada uma das partes no produzir um efeito total, do que algumas partes serem apresentadas como verdadeiras, e outras como um produto da invenção? Estas últimas, se o autor souber inventar com habilidade, serão similares àquelas em tudo, feita a exceção de não serem verdadeiras, feita a exceção daquela qualidade essencial e incomunicável das coisas reais. Ao manifestar esta qualidade naquelas que a possuem, o autor priva sua narração de sua única razão de ser, substituindo aquilo que seus diferentes materiais possuem de homogêneo, de comum, com aquilo que possuem de repugnante, de inconciliável. Dizendo expressamente

---

[4] Horácio, Ars poetica, 411.

ao leitor, ou fazendo-o compreender por um expediente qualquer, que tal coisa é um fato, obriga-o a refletir (e o que importa se esta não era sua intenção?) que as anteriores não o eram e que as seguintes também não o serão; transmite-se que àquela primeira convém o consentimento que se dá aos fatos e que às demais cabe apenas aquele outro convencimento, de gênero completamente diverso, que se dá ao verossímil. Entende-se portanto que a forma narrativa, aplicada igualmente tanto a umas quanto a outras, é para algumas a forma característica e natural, mas para outras uma forma convencional e artificial – o que significa que a forma, em seu conjunto, é contraditória.

"E não podemos imaginar uma contradição mais estranha. Mesmo o autor considera esta unidade, esta homogeneidade do conjunto, algo importantíssimo, pois, apesar de tudo, emprega qualquer artifício à sua disposição para obtê-la. Extraindo tanto do real quanto do possível aqueles elementos que melhor se harmonizam, faz de tudo para merecer um louvor como o que Horácio fazia ao autor da Odisseia:

E ele mente assim, o verdadeiro de tal forma entrelaçando com o falso, que o meio corresponde sempre ao início e ao fim.[5]

E qual seria o objetivo, senão aquele de que a mente do leitor, subjugada e carregada pela arte, possa aceitar como uma coisa única aquilo que lhe é apresentado? Mas o autor desfaz seu próprio trabalho, separando na matéria aquilo que havia reunido na forma! Ele próprio, na criação, destrói aquela ilusão que é o esforço e o prêmio da arte,

---

[5] Horácio, Ars poetica, 151: Atque ita mentitur, sic veris falsa remiscet, /Primo ne medium, medio ne descrepet imum. [N.d.T.: Manzoni faz notar que a tradução utilizada é de Metastasio.]

aquela ilusão tão difícil de produzir e manter! Ele não percebe que há uma contradição entre o projeto e a execução? Que com alguns pedaços de cobre e outros de estranho, dispostos lado a lado, não se faz uma estátua de bronze?"

E a estes, o que se pode responder? Na verdade, não creio possa dizer outra coisa além de que estão com a razão.

Um meu amigo, que lembro com afeto e estima, costumava narrar uma cena curiosa que presenciara na casa de um juiz de paz em Milão, muitos anos atrás. Encontrara-o entre dois litigantes, um dos quais defendia com fervor sua causa; quando este terminara, o juiz lhe disse: "Tens razão". "Mas, Excelência," disse prontamente o outro, "também devo ser ouvido, antes que se decida". "É a plena verdade", respondeu o juiz, "por favor, fale que escutarei atentamente". Então aquele se pôs a fazer valer sua causa com ainda mais empenho, e saiu-se tão bem que o juiz lhe disse: "Também tens razão". Ao lado estava um filho seu de uns sete ou oito anos, o qual, apesar de brincar calmamente com não sei qual boneco, não deixara de prestar atenção ao contraditório e àquela altura, levantando um rostinho estupefato mas não sem um certo quê de autoridade, exclamou: "Mas papai! É impossível que os dois tenham razão!". "Também tens razão", disse-lhe o juiz. Como tudo tenha terminado, ou meu amigo não o dizia ou escapou-me da mente; mas é de se imaginar que o juiz tenha conciliado todas suas respostas, demonstrando tanto a Fulano quanto a Beltrano que, se tinham razão por um lado, estavam errados por outro. Tentarei fazer o mesmo com meus dois críticos, e em parte o farei empregando os argumentos dos próprios litigantes, mas para obter uma conclusão diferente tanto daquela dos primeiros como daquela dos segundos.

Aos primeiros direi que quando vocês exigem que o autor de um romance histórico faça distinção em sua obra entre o que realmente aconteceu e o que é sua invenção, vocês certamente não consideram se existe uma maneira de fazê-lo. Vocês prescrevem ao autor nada menos que o impossível. Para se convencerem, é suficiente prestarem atenção por um momento em como a realidade e a invenção precisariam ser mescladas para se obter uma narração única. Por exemplo, para circunstanciar os acontecimento históricos com os quais enlaça seu enredo (e de certo todos estarão de acordo de que em um romance histórico devam figurar acontecimentos históricos), o autor deverá combinar circunstâncias reais, colhidas da história ou de documentos de qualquer gênero (pois o que poderia ser mais adequado para apresentar tais acontecimentos em sua forma real e, por assim dizer, distintiva?), a circunstâncias verossímeis, por ele inventadas (porque não se deseja a história nua e crua, mas algo mais rico, mais refinado; deseja-se, de certo modo, que seja devolvido o sangue àquela carcaça que, em grande parte, é a história). Pelos mesmos motivos, às personagens históricas (e todos esperamos encontrar personagens históricas em romances históricos) fará dizer e fazer tanto coisas que realmente fizeram e disseram, quanto coisas que ele imagina condizentes com seus caracteres, durante aqueles momentos do enredo nos quais lhe foi proveitoso fazê-las intervir.

Reciprocamente, nos fatos por ele inventados inserirá tanto circunstâncias igualmente ficcionais como circunstâncias derivadas de fatos reais daquela época e daquele lugar; afinal, haveria uma maneira melhor de se criar ações que poderiam ter acontecido naquela época e lugar? Da mesma forma, às suas personagens inventadas caberão tanto palavras inventadas quanto ações e palavras que descubra terem sido ditas e praticadas por homens daquela época e daquele lugar – e assim ficará satisfeito por tornar mais verossímeis suas invenções, incorporando nelas elementos da verdade. Isto deveria ser suficiente para mostrar como o autor não poderia traçar entre tais coisas a distinção que se pede, ou melhor, não poderia tentar estabelecê-la sem assim fragmentar a narração – e não digo fragmentá-la ocasionalmente, mas a cada momento, mais vezes em uma mesma página, não poucas vezes a cada frase, para dizer: "isto é um fato real, obtido de fontes confiáveis", "estas palavras foram realmente pronunciadas pela personagem à qual as atribuo, mas em uma diferente ocasião, em circunstâncias que não cabem em meu romance", "estas outras palavras, que coloco na boca de uma personagem inventada, foram pronunciadas por uma pessoa real daquela época, ou seja, são adequadas a esta circunstância", e assim por diante. Alguém daria esta obra o nome de "romance"? Chegaria a merecer algum nome qualquer? Melhor ainda, pode-se conceber alguma obra deste tipo?

Talvez me direis que nunca se pensou em pedir tamanho detalhismo, e pode até ser verdade[6]. Mas é necessário entender não

---

[6] [N.d.T.] Manzoni certamente se refere aos não poucos críticos de sua época que exigiam precisamente esta divisão no âmbito do romance histórico. Citando Louis Maigron, Bermann lembra como Stendhal, por exemplo, afirmara que à sua época o romance histórico "estava se distanciando o quanto possível do romance... mas ao fazê-lo, jogava milhares de sombras sobre a história propriamente dita", acreditando, possivelmente com uma ironia não longe da manzoniana, que em um certo momento "as autoridades [se veriam obrigadas] a ordenar a estes novos romancistas que escolhessem entre o escrever histórias puras ou romances puros, ou, pelo menos, usar agulhas de crochê para separar uma da outra, a verdade do

apenas o que vossas palavras exprimem diretamente, mas também suas implicações lógicas. Quer sejam muitos ou poucos os casos nos quais se gostaria que um autor distinguisse o que é "real", quer seja um único caso, por que se exigiria isto? Por um mero capricho? Certamente não; ao contrário, o desejo seria motivado por uma excelente razão: porque a realidade, quando não é representada de uma maneira que a faça ser reconhecida como tal, não instrui nem satisfaz. E trata-se por acaso de uma razão que pode ser aplicada ocasionalmente? Pelo contrário: por sua própria natureza é uma razão geral, aplicável de igual maneira a todos os casos. Portanto, se outros leitores se queixassem de um desconforto similar em outras partes do romance, suas lamentações não mereceriam a mesma satisfação dada às vossas? É evidente que sim, pois estariam fundamentadas em uma mesma preocupação: a exigência da realidade. Vejam portanto como, impondo ao romance histórico uma distinção ocasional da realidade, se está impondo, em essência, uma distinção completa: algo impossível como demonstrei ou, melhor, como deduzi de vossas observações.

E agora sobre o que pode ser dito aos outros críticos.

De acordo com vossa opinião, distinguir em um romance histórico entre a realidade e a invenção destruiria a homogeneidade da impressão, a unidade do consentimento. Mas, por favor, me expliquem, como se poderia destruir algo que não existe? Vocês não percebem como esta distinção está nós próprios elementos básicos e, por assim dizer, na matéria-prima deste tipo de obra? Quando, por exemplo, o Homero do romance histórico[7] inclui o príncipe Edward e

---

falso".

[7] [N.d.T.] Walter Scott (1771-1832); Manzoni vai se referir, nesta ordem, a seus romances "Waverley" (1814), "The Abbey" (1820), "Quentin Durwald"

seu desembarque na Escócia em *Waverley*, não se emprega nenhum expediente para alertar que está se tratando de pessoas reais e fatos reais. O mesmo ocorre quando Mary Stuart foge do castelo de Loch Leven, quando Luís XI, rei da França, monta estadia em Plessis-les-Tours, quando Ricardo Coração-de-Leão é enviado em expedição à Terra Santa, e assim por diante. São elas próprias a apresentarem esta qualidade; são elas que requerem absolutamente, e inevitavelmente obtém, aquele consentimento peculiar, exclusivo, incomunicável, que se dispensa àquilo que é entendido como coisa de fato. Um consentimento que chamarei de histórico, para opô-lo ao outro, igualmente peculiar, exclusivo e incomunicável, que se dispensa àquilo que é entendido como meramente verossímil, e que chamarei de consentimento poético. Na verdade, o mal já estava feito antes mesmo de aquelas personagens entrarem em cena: ao tomar em mãos um "romance histórico", o leitor sabe perfeitamente que nele encontrará *facta atque infecta*[8], coisas ocorridas e coisas inventadas, dois objetos diferentes de dois consentimentos não apenas diferentes, mas opostos. E vocês acusam o autor de provocar esta desarmonia, prescrevendo-lhe de manter na obra uma unidade que o próprio título impede!

Talvez vocês também me dirão que estou exagerando vossas pretensões, que o fato de existirem dificuldades inevitáveis não é motivo para acrescentar outras; que, mesmo se aquela homogeneidade de consentimento desejada pela arte não pode ser obtida por inteiro, diminuí-la seria um dano gratuito; que, advertindo expressamente ou fazendo compreender que tal coisa é um fato real, o autor obtém

---

(1823) e "The Talisman" (1824).

[8] "Sacri igitur vates, facta atque infecta canentes..."["E então os poetas sacrados, cantando coisas reais e inventadas..."] (Vida Poetica 3.112)

consentimentos históricos que talvez não surgiriam e que são opostos ao intuito da arte.

Pode ser; mas o que poderia surgir em seu lugar? Uma única entre duas coisas, cada uma a meu ver igualmente oposta ao intuito da arte: ou o engano, ou a dúvida.

Reconheço que possa ocorrer de um leitor, sem ser advertido de que a coisa narrada tenha realmente ocorrido, tomar a mesma por uma bela invenção poética, e a aprecie como tal. Mas por acaso é a isto que arte aspira? Um belo esforço, uma bela operação artística esta que consistiria não em obter coisas verossímeis, mas na ignorância de que as coisas apresentadas são reais! Um belo efeito artístico, este que seria dependente de uma ignorância acidental! Afinal, se alguém se aproximasse do leitor no momento em que aprecia esta invenção poética e lhe dissesse: "sabias que isto é um fato real, obtido do documento tal", o pobre homem seria transportado violentamente dos espaços da poesia ao plano da história. A arte é arte enquanto produz não um efeito qualquer, mas um efeito definitivo. E, entendida desta forma, aquela máxima de que apenas o verdadeiro é belo não é apenas sensata, mas profunda; afinal o verossímil (que é a matéria-prima da arte)[9], uma vez que seja manifestado e percebido como tal, torna-se uma verdade diversa, aliás diversíssima, do real[10], torna-se uma verdade perenemente contemplada pela mente, cuja presença é

---

[9]   [N.d.T.] Bermann destaca a semelhança deste trecho com a definição de arte de Vigny no prefácio ao *Cinq-Mars*: a "verdade positiva" de Manzoni corresponde à "verdade com relação ao fato" deste último, apesar dele "considerar [a verdade artística] muito menos problemática, pois sua posição dá uma maior liberdade à criação subjetiva do artista e, portanto, à verdade da arte".

[10]   Veja-se o diálogo que segue este ensaio. [N.d.T.: Manzoni refere-se a seu diálogo *Dell'invenzione*, também publicado no volume *Opere Varie*.]

irrevogável. Apesar de ser um objeto que pode vir a ser esquecido, nunca poderá ser destruído pelo desengano. Nada pode fazer com que uma bela forma humana, idealizada por um escultor, deixe de ser um belo espécime do verossímil: e quando a estátua material, na qual a forma estivesse executada, viesse a desaparecer, desapareceria consigo o conhecimento acidental daquele verossímil, mas não, certamente, sua entidade incorruptível. Se alguém, vendo de longe e na penumbra um homem ereto e imóvel no alto de um edifício, entre algumas estátuas, o tomasse por estátua, consideraríamos esta impressão um efeito artístico?

Também poderia ocorrer de o leitor, sem ser advertido pelo autor de que algo que excita particularmente sua atenção é um fato, mas suspeitando que assim seja devido à natureza ou, melhor, ao tema de um romance histórico, ficar em dúvida, hesitar; e certamente sem culpa de sua parte, aliás contra a sua vontade. Consentir, consentir rapidamente, facilmente, plenamente, é o desejo de todo leitor, à exceção dos que leem para criticar. E sentimos prazer em consentir tanto com o puramente verossímil quanto com fatos verdadeiros, mas – como vocês próprios disseram – com consentimentos diferentes, aliás opostos. Além disto, acrescento eu, existe uma condição igual em ambos os casos: que a mente reconheça no objeto que contempla uma ou outra essência, para assim poder empregar um ou outro consentimento. Dissimulando a realidade da coisa narrada, como é vosso desejo, o autor não apenas impediria um consentimento histórico, mas privaria o leitor de qualquer outro tipo de consentimento. Por quanto se queira negar, trata-se este também de um efeito contrário ao intuito da arte; afinal, o que há de mais contrário à unidade, à homogeneidade do consentimento do que sua própria inexistência?

É precisamente para prevenir seja o engano de que falei acima seja esta hesitação, para não sujeitar o leitor a uma miserável pilhéria ou para servir a um possível desejo seu, para não deixar sem resposta suas interrogações não formuladas, que um autor pode, neste ou naquele caso, ser fortemente tentado, quase induzido, a distinguir expressamente a realidade da invenção. Acontece por ele perceber quantas falhas possa haver naquilo que escreve quando faltam os referenciais explicitamente históricos. Não digo que faça a coisa certa; não nego que realize algo direta e manifestamente contrário à unidade da obra: digo apenas que abster-se de fazê-lo não ajudaria a alcançar tal unidade. Porta-se como o pobre maître Jacques criado por Molière[11], que se apresenta ora com o avental de cozinheiro, ora com a farda de cocheiro porque Avaro, seu patrão, quer que desempenhe ambas as profissões e ele aceitou tal condição.

Recapitulando todos estes prós e contras, parece-me poder concluir que têm razão uns, ao desejar que a verdade histórica seja sempre representada como tal, e outros, ao desejar que uma narração produza um consentimento homogêneo, mas que estão ambos errados ao esperar este ou aquele efeito de um romance histórico, pois o primeiro é incompatível com sua forma, que é a narrativa, e o segundo com seus materiais, que não são homogêneos. Pedem coisas justas e indispensáveis, mas pedem-nas a quem não as pode dar.

---

[11] [N.d.T.] Maître Jacques, cozinheiro e cocheiro de Arpagone na comédia *L'avare* de Moliére.

Mas neste caso, imagino se dirá, seria em essência o romance histórico a ser falho em todos os sentidos.

É precisamente esta minha tese. Esperava demonstrar, e acredito tê-lo feito, que o romance histórico se trata de um tipo de obra no qual o necessário resulta impossível; no qual não se pode conciliar duas exigências essenciais, e não se consegue satisfazer nenhuma. Nele, são inevitáveis uma confusão repugnante entre seus materiais e uma distinção também repugnante à forma, na qual devem ser inseridas história e invenção, sem que se possa estabelecer ou indicar em qual proporção e em qual relação devam entrar. Em suma, trata-se de um tipo de obra sem uma maneira adequada de realização, porque suas premissas são inerentemente contraditórias. Os críticos lhe são excessivamente exigentes – mas excessivamente em relação a que? Em relação às suas possibilidades? Exatamente, pois isto demonstra seu vício radical. Em termos gerais, deveria ser possível exigir tanto que a verdade seja reconhecível como tal, quanto que uma narrativa evoque um consentimento homogêneo de seu leitor. Mas, para sua infelicidade, no romance histórico estas exigências são incompatíveis, pois foram postuladas precisamente para se acompanharem. Sendo necessária uma prova, poderíamos encontrá-la de imediato naquele gênero de obras que o romance histórico imita e confunde, ou seja, a história. Afinal, esta se propõe narrar fatos reais e produzir por meio destes um consentimento homogêneo, aquele que se concede à verdade positiva.

Mas – alguém poderá opor a esta altura – este consentimento homogêneo consegue ser obtido a partir da história? Ela produz uma série de consentimentos decididos e racionais? Ou frequentemente deixa enganados os que são propensos a acreditar com facilidade, e duvidosos os que são inclinados à reflexão? E independentemente de possuir ou menos um propósito enganoso, quais são as histórias compostas por homens nas quais podemos ter certeza de não encontrar nada além da verdade pura e distinta?

Na história, é óbvio, não faltam falsidades e nem mesmo mentiras. Mas a culpa é dos historiadores, não é uma condição endêmica deste tipo de obra. Quando dizemos que um historiador adorna o que relata, que faz um pastiche de fatos e invenções, que não se sabe em que acreditar de quanto diz, o estamos acusando de algo que podia ter evitado. Havia, afinal, uma alternativa, tão segura quanto fácil: ou por acaso existe algo mais fácil do que abster-se de inventar? Reflitam se o autor de um romance histórico possa empregar este meio para evitar, na medida do possível, de enganar seu leitor.

É igualmente óbvio que mesmo do historiador mais consciente e mais diligente não se obterá, via de regra, uma verdade tão plena e pura quanto se possa desejar. Mas aqui também não é a arte da história a ser culpada; é, sim, um defeito de sua matéria. Para que uma arte seja boa e racional, não é necessário que seja capaz de obter inteira e perfeitamente seu objetivo: não há artes deste tipo. Uma arte boa e racional é aquela que, propondo-se um objetivo sensato, emprega os meios mais adequados para obtê-lo, os meios que, quando aplicados a uma matéria apropriada, irão obtê-lo no limite permitido pelas faculdades humanas. É possível adquirir e transmitir, senão um conhecimento perfeito, ao menos uma impressão razoavelmente precisa sobre certos fatos reais, sobre a condição humana em dada época e lugar. É a isto que se propõe a história, quando está em boas mãos. Pode não obter tudo que desejaria, mas não se limita voluntariamente em nenhum aspecto. Não supera todos seus obstáculos, mas se resguarda com cuidado de criar outros quaisquer. Pode eventualmente nos deixar em dúvida, mas apenas quando ela mesma assim se encontra. Aliás, a história chega mesmo a servir-se da dúvida pois, para quem está no caminho correto, tudo vêm a propósito: nestes casos, não apenas a confessa abertamente, mas a promove, a sustenta, busca substituí-la a falsas persuasões. A história nos faz duvidar porque deseja que duvidemos; o romance histórico, ao contrário, nos encoraja a acreditar enquanto nos tolhe o necessário para determinar o consentimento. Na dúvida provocada pela história, a mente repousa não por ter satisfeito seu desejo, mas por conhecer o limite de suas possibilidades: nos satisfazemos, por assim dizer, como em um ato relativamente final, o único feito de que se reconhece capaz.

Na dúvida excitada pelo romance histórico, ao contrário, a mente se inquieta, porque na matéria que lhe é apresentada vê a possibilidade de um ato adicional, o desejo pelo qual é instigado ao mesmo tempo em que o meio para obtê-lo lhe é subtraído. Creio que não exista nenhum autor de romances históricos, ou mesmo de um único romance histórico, a quem não tenha ocorrido alguma vez de ser questionado se tal personagem, se tal fato, se tal circunstância fosse uma coisa verdadeira ou fruto de sua invenção. E creio igualmente que este terá dito a si próprio: "Ah, traidor! Com esta pergunta inocente me teces uma crítica venenosa: no fundo lamentas que o livro tenha te deixado, aliás tenha te obrigado a puxar o autor a teu lado. Bem sei que para um livro é um mérito suscitar a vontade de se conhecer mais sobre aquilo que ensina, mas este é um caso diverso. As coisas que desejas saber são coisas de que já te falei; não me pedes para acrescentar, mas sim para desfazer".

Cabe observar que a também história, ocasionalmente, emprega o verossímil, e pode fazê-lo sem inconveniência desde que o use em maneira apropriada, ou seja, expondo-o em sua forma característica e, assim, distinguindo-o do real. Pode fazê-lo sem ofender a unidade da narração pela simples razão de que o verossímil não tenta tornar-se parte dos acontecimentos narrados. O verossímil é assim meramente sugerido, motivado e considerado, e não narrado em igualdade ou mesclado aos fatos reais, como acontece no romance histórico. E não há nem mesmo o perigo de que se ofenda a unidade da obra, pois qual elo e continuidade seriam mais naturais, por assim dizer, que aqueles estabelecidos entre a cognição e a indução? Quando a mente encontra a notícia de um fato real que excita sua vivacidade e sua atenção, mas que apresenta lacunas em partes essenciais e importantes, se dispõe naturalmente a invocar a invenção. Esta deverá apresentar uma relação de possibilidade[12] geral e similar com o que restou da realidade retratada, mas também exibir a mesma relação – seja em termos de causa, efeito, meio, modo ou concomitância – que devia existir em relação àquelas circunstâncias reais das quais não se tem mais vestígios. É uma parte da miséria humana podermos

---

[12] [N.d.T.:] Bermann afirma que a palavra italiana utilizada neste ponto, "compossibilità", è um exemplo extremamente raro de neologismo manzoniano. Em verdade, trata-se de um termo da filosofia escolástica bastante utilizado por Leibniz, de quem plausivelmente Manzoni o recupera direta ou indiretamente, que designa "a relação entre duas realidades simultaneamente possíveis" (Treccani).

conhecer apenas uma porção do que aconteceu, mesmo limitados a nossos interesses; mas é uma parte de nossa nobreza e de nossa força podermos conjeturar para além de quanto efetivamente sabemos. A história, quando recorre ao verossímil, não faz nada além de favorecer ou excitar esta tendência. Cessa então, momentaneamente, sua narração e, em seu lugar, emprega o raciocínio indutivo, porque a narrativa habitual não se revela o melhor instrumento para este fim, e adequando-se a uma diferente situação, adota um novo objetivo. De fato, para esclarecer a relação entre o fato e o verossímil é suficiente que os dois sejam apresentados distintamente. A história faz, de certa forma, como quem, ao desenhar o mapa de uma cidade, acrescenta em cores diferentes estradas, praças e edifícios futuros; ao apresentar o que existe diferentemente do que poderia existir, permite-nos assimilar a lógica do inteiro. Diria que nestes momentos a história abandona a narração, mas somente para aproximar-se, da única maneira possível, do objetivo da mesma. Por mais que conjecture ao narrar, a história tem sempre em vista o real; é ali que se encontra sua unidade. Mas o que visa, ou melhor, como se forma a unidade do romance histórico, este tipo de obra que erra entre dois focos diversos?

Esta questão me permite antecipar outra objeção, ainda menos fundamentada, mas também de ser esperada porque nunca falta em discussões deste gênero. Está se tratando do romance histórico, afirma-se nesta objeção, mas comparando-o à história, esquecendo-se de que são dois tipos de obras que possuem dois diversos intuitos, em parte efetivamente similares, mas em parte completamente diferentes.

É fácil notar como esta objeção se sustenta apenas sobre uma petição de princípio. É evidente que se o romance histórico tivesse um seu intuito, em maior ou menor grau diverso daquele da história mas igualmente lógico, seria uma extravagância opor-lhe o intuito e as leis da história. Mas a questão é justamente se o romance histórico possui um intuito lógico próprio, e portanto alcançável; e se pode, por consequência, possuir métodos particulares, ordenados de acordo com este intuito. O intuito de uma arte é condicionado por sua matéria, ou por cada uma das múltiplas matérias que emprega, e ter estudado quais são as condições congênitas e necessárias de uma matéria, em uma arte qualquer, significa tê-las estudado para todas as artes existentes e possíveis que desejam empregar tal matéria. Como o romance histórico toma por parte de sua matéria aquilo que é característico e natural à história, é necessário que, desta forma, compará-lo à mesma. O fato de não se poder fazer nada com a verdade histórica além de representá-la o mais honestamente possível não é motivado pelo título, nem pela forma, nem pelo assunto de uma obra; é uma exigência da própria verdade histórica. A alquimia também tinha um seu intuito, em parte diferente daquele da química: bastava-lhe apenas alcançá-lo. Também supunha que deveriam existir os métodos adequados para alcançar este intuito: bastava-lhe apenas encontrá-los. Ainda assim, não havia maneira melhor para aprender sobre a alquimia do que comparar suas experiências e processos mentais com aqueles da química, visto que ambas trabalhavam com metais. E vejam como teria soado estranho se alguém dissesse: "Isto é muito adequado e serve à química, mas não à alquimia".

O romance histórico não possui um intuito lógico próprio, mas imita dois diversos, como indiquei. É verdade que na execução deste intuito – a representação, por meio de uma ação inventada, da condição humana em uma época histórica – há uma aparente unidade verbal. Mas algo mais é necessário para que se constitua sua unidade racional (ou seja, a correspondência entre meios e fins), algo que tem sido gratuita e falsamente suposto. O único meio de que dispomos para representar a condição humana (ou qualquer outra coisa que se deseje por em palavras) é aquele de transmitir o conceito que conseguimos formar a partir de uma variedade de fatos, certos ou prováveis – e com quaisquer limitações e e deficiências presentes nele, ou melhor, em nossa capacidade de cognição. É, em suma, a repetição aos outros das últimas e vitoriosas palavras que, no momento mais feliz de observação, alegramo-nos em dizer a nós mesmos. É desta forma que se escreve a história, e por "história" não me refiro meramente à narração cronológica de uma seleção de acontecimentos humanos, mas a qualquer exposição ordenada e sistemática destes. É com este tipo de história que proponho comparar o romance histórico; e creio seria uma justa proposta mesmo este tipo de história fosse unicamente uma possibilidade. Afinal, todos sabem que há muitos trabalhos deste gênero, alguns louvados com plena razão. Seu intuito não é fazer conhecer apenas o percurso político de uma parte da humanidade em uma dada época, mas também eu modo de ser, sob aspectos diversos e, na medida do possível, múltiplos.

Talvez alguém acredite que a história, particularmente aquela deste tipo, fique aquém de seu intuito, não consiga empregar tudo quanto seu material, investigado e observado com uma finalidade mais ampla e mais filosófica, possa oferecer. Talvez alguém acredite que a história tenha tido pouca cura com certos fatos ou categorias inteiras de fatos cuja importância não foi capaz de perceber, ou tenha deixado de analisar certas relações, certas dependências recíprocas entre os fatos que havia sim primeiro reunido e depois referido, mas que depois isolou pois, à primeira vista, lhe pareceram estranhos uns aos outros. Neste caso, repreendam a história, mas continuem a confiar nela, pois é a única capaz de reparar suas omissões. A qualquer escritor que julgue possível aprofundar nosso conhecimento sobre este ou aquele momento histórico e se disponha a isto, dou meus parabéns! *Macte animo*[13]! Que vasculhe nos documentos de qualquer gênero que ainda restam e consiga encontrar; que eleve a documentos também outros escritos, cujos autores nunca imaginariam estar colocando no papel uma fonte para o futuro, que escolha, descarte, reúne, confronte, deduza e induza. Posso garantir que assim conseguirá formar a respeito daquele momento histórico conceitos muito mais especiais, mais decididos, mais completos, mais sinceros do que os anteriores. Mas mesmo neste caso, qual será o resultado além de conceitos simplesmente mais obrigatórios[14], que não podem ser nem modificados nem omitidos?

Afinal, imaginemos que este escritor não trata seus leitores da maneira como trata si próprio, e não apresente a estes aquela imagem intacta e genuína que, em consequência a suas pesquisas e reflexões,

---

[13] [N.d.T.:] "abençoada seja tua coragem". Trata-se provavelmente de uma adaptação de Virgílio: "macte nova virtute" [abençoada seja tua nova força] (*Eneida* 9.641).

[14] [N.d.T.:] Como indica Bermann, a palavra que Manzoni usa no original ("obbligato") adota aqui um sentido próximo a seu emprego em âmbito musical, ou seja algo que não pode ser nem modificado nem omitido.

ele próprio alcançou. Imaginemos que ao contrário ele a esconda para sorrateiramente fragmentá-la e criar, com seus pedaços e com uma matéria de natureza completamente diversa, algo de maior e melhor. Imaginemos que para dar-lhe mais ânimo queira fazê-la viver duas vidas diferentes, tomando por meio o que antes era um objetivo. A própria natureza destes materiais, alheia a tais projetos e acostumada a manter suas obrigações e empenhos, não permite que de uma tal mistura resulte uma representação mais completa das condições da humanidade, nem mesmo aquela representação incompleta que poderia resultar de um retrato sincero das coisas reais. Isto porque a verdade positiva apenas existe para a mente humana na medida em que é conhecida, e não pode ser conhecida senão quando é possível distingui-la do que não é verdadeiro. Em suma, tentar representar uma verdade positiva acrescentando-lhe o verossímil serve apenas a diminuí-la, fazendo com que, em parte, desapareça. Ouvi dizer, esta também uma história antiga e verdadeira, de um homem, mais parcimonioso do que astuto, que imaginara poder dobrar a quantidade de óleo das lamparinas adicionando uma igual quantidade de água. Sabia perfeitamente que, ao ser simplesmente versada, a água afundaria e o óleo voltaria à tona; mas pensou que, se pudesse assimilá-los misturando-os e batendo-os com força, obteria um líquido único, alcançando seu intuito. Bateu e bateu, até conseguir obter um não sei que de enodoado e maculado que fluísse unido, com o qual encheu a lamparina. Mas era uma coisa qualquer a mais, não óleo a mais; aliás, quanto à capacidade de iluminar, era muito inferior. E nosso amigo o entendeu quando quis acender o lume.

Conservei para o final a objeção mais severa e inevitável: os fatos. "Estas todas", parece-me ouvir que se diga, "podem até ser belas teorias, mas a realidade as joga ladeira abaixo. Por exemplo, é difícil encontrar, seja entre obras modernas que antigas, alguma que seja mais lida, e com maior prazer e admiração, do que os romances históricos de um certo Walter Scott. Pretende-se demonstrar, com estes argumentos, que suas obras não poderiam alcançar nenhum sucesso, quando na verdade conseguem".

Uma objeção, contudo, que é vigorosa somente em aparência, pois sua força repousa inteiramente em um equívoco, no considerar definitivo algo que ainda está sujeito a mudanças. Que aqueles romances tenham agradado, e com razão, é um fato inegável, mas pode ser uma verdade peculiar unicamente àqueles romances sem necessariamente ser válida para o romance histórico em geral. Ademais, que este tipo de obra continuar a agradar, e portanto a ser cultivado, é mais uma questão a propor que um fato a ser reconhecido. Neste ponto, como em muitos outros, a verdade de uma época não é certamente garantia para verdades futuras, e os exemplos de opiniões de uma época cassadas por outras são excessivos, e lembrados com tanta frequência que é desnecessário prolongar tal lista. E se, ao citar estas revisões de opiniões tão frequentemente e com tanta paixão, corremos o risco de apresentar opiniões similarmente novas, é porque nas decisões correntes costumamos ver algo de mais maduro, de mais ilustre, de definitivo. Não há de que maravilhar-se: estas opiniões são nossas. Sentimos compaixão pelas opiniões dos tempos passados porque somos a posteridade, o que não é pouco; confiamos nas nossas porque somos o presente, o que não é de menos.

Entre os exemplos mais conhecidos aos quais aludi, que me seja permito citar um que é especialmente análogo a nosso objeto de investigação. Provavelmente não existiu uma difusão maior que aquela dos romances histórico-heroico-eróticos – não saberia como defini-los com um único nome – de M.elle Scudéry[15] e alguns de seus antecessores e sucessores menos famosos. Não se tratava de um país ou de uma época inculta, pois era a França de Luís XIV; mas é suficiente a seu respeito o testemunho de Boileau[16], o qual, no prefácio ao diálogo onde zomba daqueles romances, confessava que "sendo jovem quando estavam mais em voga, tinha lido-os com grande admiração, como faziam todos, e os havia considerado obras-primas da língua francesa"[17].

É evidente como chegaria a ser mais uma extravagância do que uma injustiça colocar estas obras a par daquelas de Walter Scott. Mas apesar de toda a distância não apenas entre este e aqueles autores, mas também entre os dois tipos de obras, encontramos aqui, como apontei, uma analogia e até mesmo um importante ponto de identidade comum: serem todos romances nos quais a história é revestida de um papel. Não cabe dizer que, naqueles primeiros, a história era inserida apenas por pretexto e quase por chacota; não cabe lembrar que ninguém prestava atenção à história ao ler aqueles estranhos episódios de amores indomáveis e platônicos ou aquelas

---

15 [N.d.T.:] Madeleine de Scudéry (1607-1701), autora de romances históricos como *Artamèna; ou, Le grand Cyrus* e *Clélie*, de enorme sucesso dentro e fora da França na época de sua publicação.

16 [N.d.T.:] Nicolas Boileau-Despréaux (1636-1711), autor de *L'art Poétique* e uma das figuras de liderança do classicismo literário francês.

17 "Les héros de roman", diálogo. O ensaio foi escrito muitos anos depois, para uma nova edição.

dissertações e disputas sobre o amor, ainda mais estranhas que os episódios. Pensemos a como teria soado estranho àqueles todavia tolerantes leitores do *Clélia*, obra que alcançou grande sucesso e mesmo hoje é ocasionalmente lembrada, se M.elle Scudéry tivesse dado o nome de Virgínia à mulher ultrajada por Sexto Tarquínio, se tivesse feito Porsena rei da Macedônia ou mesmo da Gália Cisalpina, ou se tivesse feito sua heroína jogar-se no Eufrates ou no Po para fugir do acampamento inimigo[18]. Aqueles leitores não demonstravam uma inteira e absoluta indiferença pela vericidade da história inserida naquelas obras; demonstravam, sim, uma tolerância muito maior daquela que hoje é possível. Eles também prestavam atenção na história, ao ler; e como poderiam fazer diversamente, visto que a desejavam? Afinal, o público aceitava e apreciava obras nas quais a história entrava como uma parte essencial, fornecendo-lhes os materiais básicos não apenas de época e lugar, mas também de fatos e pessoas. Dificilmente o público poderia desejar a história sem querer prestar atenção na mesma; a diferença é que se prestava menos atenção de quanto se faz hoje.

Cabe se perguntar: como nasceu esta diferença? Surgiu de imediato, já completa? Certamente não, e nem poderia ter sido. A tolerância do público se atenuou gradualmente, o qual começou a desejar cada vez mais história e, com esta, cada vez mais detalhes

---

[18] [N.d.T.:] Manzoni lembra de Lucrécia, a mulher realmente desonrada por Sexto Tarquínio (Lívio I.62-3) e do rei etrusco Porsena que moveu guerra a Roma (Lívio 2.9), e alude por fim ao mais famoso episódio do romance de M.lle Scudéry, no qual Clélia, uma jovem romana dada como refém a Porsena consegue se salvar atravessando a nado o rio Tibre (de Roma, diferentemente do Eufrates babilônio e do Po do norte da Itália) em meio a uma chuva de setas.

sobre as circunstâncias históricas. Isto não se deu apenas em relação àquele tipo efêmero e caprichoso de obra ao qual me referi, mas em relação a qualquer tipo de obra que unisse história e invenção. Não estou me referindo a uma evolução regularmente contínua, a uma tendência unânime, a uma propensão efetiva do conjunto; contudo, desconsiderando aquelas interrupções temporárias e aqueles acidentais passos para trás que encontramos em qualquer percurso de ideias e fatos, este foi o destino geral, a disposição dominante. À medida que a tolerância do público se atenuava – parte em consequência, parte independentemente disto, mas sempre pelo mesmo anseio subjacente pela verdade histórica – diminuía a audácia dos escritores. De certa forma, o público (no qual incluo naturalmente, e como parte importante, os críticos profissionais) demonstrou, quer por meio críticas quer pelo descaso, que não toleraria mais alterações extremas da história, obrigando os escritores a aumentá-la por meio de um maior aparato de circunstâncias históricas. Em alguns momentos foram os escritores que, ou meditando em abstrato sobre sua arte ou advertindo com mais força que seus antecessores e contemporâneos a importância crítica da verdade histórica no ato prático da composição, encontraram novas maneiras para ampliar o papel desta em suas obras. Por algum tempo, como sempre acontece com soluções para os problemas que anteriormente foram mais evidentes, estas respostas teóricas e práticas pareceram adequadas. Mas então a demanda pela verdade histórica que, tanto por razões independentes da arte quanto por aquelas modificações, continuara a crescer durante o processo há pouco lembrado, fez advertir novos problemas e obrigou que se buscassem novos expedientes para solucioná-los. Cada uma destas sucessivas soluções foi *um fato*, mas nenhuma chegou a ser *o fato*. Cada uma daquelas alterações foi um passo, mas nenhuma foi, e nem poderia ter sido, a meta alcançada. Afinal – voltamos sempre ao mesmo ponto – qual poderia ser a meta no caminho da verdade histórica a não a verdade história pura e, em termos relativos, completa? Nas coisas formadas por partes coerentes, cada melhoria de uma parte qualquer serve a tornar mais sólido o conjunto; naquelas compostas por elementos contrários e incompatíveis, a melhoria conduz à destruição.

Com isto posso declarar explicitamente o que estava implícito em tudo quando expus até este momento, ou seja, que revelando a contradição inata do romance histórico, e consequentemente sua incapacidade em alcançar uma forma satisfatória e estável, não pretendia em momento algum concordar com aqueles que o consideraram e ainda consideram um gênero falso, um gênero espúrio. A meu ver, esta opinião se sustenta inteiramente em suposições errôneas de que já havia se encontrado uma maneira de combinar com proveito a história e a invenção, a qual era praticada e funcionava até que o romance histórico a desgastasse. Em verdade o romance histórico não é um gênero falso, mas sim um exemplar de uma espécie de gênero falso que compreende todas as obras nas quais se mesclam história e invenção, qualquer seja sua forma efetiva. Por ser o exemplar mais recente desta espécie, o romance histórico é a tentativa mais completa e engenhosa até hoje de lidar com este desafio, que porém segue impossível de ser vencido.

Imagino que ninguém deixará de reconhecer que, para poder expressar uma opinião elaborada sobre o romance histórico, era necessário adentrar esta questão, sabedor de que dificilmente minha opinião será aceita facilmente. Assim, tentarei reforçá-la, comparando o argumento acerca do romance histórico àquela da epopeia e da tragédia, indicando as variações ocorridas na teoria e na prática destas duas principais e mais ilustres formas do gênero, no tocante a sua relação com a história. Estas variações (como se não o soubéssemos ou pudéssemos esquecê-lo) são marcadas por esplêndidos e perenes monumentos do engenho humano, porque este é capaz de gravar uma forma durável mesmo àquilo que, por si próprio, não teria razão para durar. Ainda assim, estas variações precisam elas próprias se originar de uma força superior, pois mesmo a beleza e a majestade sempre vivas daqueles monumentos não foram suficientes, em época alguma, para interromper seu percurso. Forjados por mãos magistrais, mas também por instrumentos que já perderam sua idoneidade, estes monumentos parecem dizer àqueles que mais e melhor os contemplam: admire-nos, mas faças diferente.

SEGUNDA PARTE

O objetivo da epopeia é geralmente reconhecido como a representação de um acontecimento grande e ilustre na qual são inventadas em grande parte causas, meios, obstáculos, modos e circunstâncias, de modo a produzir um deleite de tipo mais vivo e uma admiração de grau mais elevado de quanto pudesse uma simples e direta narração histórica do mesmo acontecimento.

Reconheço que se algo do gênero viesse proposto pela primeira vez e a priori nas condições atuais, sem que houvesse algum exemplo de fato, simplesmente como algo que poderia ser realizado, a proposta soaria igualmente estranha a doutos e não doutos. Um leitor que não tivesse, a respeito de um grande e ilustre acontecimento qualquer, um conhecimento profundo, conhecendo-o somente por aquela fórmula mais ou menos abstrata que é, por assim dizer, uma abreviação dos acontecimentos, não conseguiria entender como um autor pudesse convidá-lo a considerar aquele acontecimento senão justamente para relatar suas causas, meios, obstáculos, modos e circunstâncias, remediando assim aquela sua pobre mas capaz abreviação. Um leitor que tivesse um conhecimento mais extenso e detalhado provavelmente julgaria a ideia ainda mais singular, para dizer o mínimo. Por que separar o evento de qualquer uma de suas partes, bem como de grande parte daquelas condições tão naturalmente vinculadas ao mesmo, ao contrário unindo-o a condições imaginárias? Mesmo se disposto a receber tudo quanto possa estender ou ratificar sua compreensão, este leitor estaria igualmente propenso a rejeitar qualquer coisa que adulterasse o acontecimento, reagindo com aquele *incredulus odi* com a qual a mente recusa não apenas aquele espécie particular de falso à qual Horácio aplicou estas palavras[19], mas o falso de qualquer gênero e grau que busque substituir uma verdade.

---

[19] Horácio, *Ars poetica*, 185-88:
Nec pueros coram populo Medea trucidet,
aut humana palam coquat exta nefarius Atreus,
aut in avem Progne vertatur, Cadmus in anguem.
Quodcumque ostendis mihi sic, incredulos odi. [Portanto, Medéia não deve matar seus filhos frente ao público, nem Atreu cozinhar seu horrível banquete de carne humana, nem Procne ser transformada em um pássaro ou Cadmo em uma serpente. Refuto, sem acreditar, qualquer coisa deste tipo que me mostres.]

De fato, vejamos como os historiadores, de modo especial aqueles modernos, buscam promover esta disposição de seus leitores: gente que conhece os próprios interesses e que, como qualquer poeta épico, deseja obter deleite e admiração. É por isto que enfatizam quanto pouco se sabia a respeito das circunstâncias reais do acontecimento grande ou pequeno (de modo especial se grande) ou da série de acontecimento que irão descrever, e quanto esforço foi necessário para livrar-se do material que foi imposto sobre este pela má-fé de uns e pela imaginação de outros. Explicam que quanto às causas primárias e secundárias, quanto aos modos, quanto às circunstâncias, encontraremos em seus trabalhos notícias tão novas e inesperadas quanto genuínas, em suma que suas pesquisas e observações lhes permitiram substituir uma concepção confusa e menos alterada que se havia antes por uma mais ordenada, mais abrangente e mais sincera[20]. Seria impensável propor a leitores e autores que estabeleceram um pacto deste tipo, e resultante de tais motivos, que distorcessem suas concepções a respeito de acontecimentos importantes a fim de torná-los objeto e tema de um nova espécie de trabalho! Esta proposta, elaborando-a o necessário, seria na prática equivalente ao seguinte:

Entre os acontecimentos do passado que restam na memória, alguns podem ser chamados de grandes devido a suas causas e seus efeitos. Por um lado são grandes devido à extraordinária cooperação de planos e ações humanas que, eventualmente mesmo em conflito,

---

[20] [N.d.T.:] Trata-se do tipo de promessa que o próprio Manzoni fazia a seus leitores quando escrevia como historiador. Neste sentido, Bermann lembra as notas ao *Il conte di Carmagnola*, o primeiro parágrafo de *Discorso sopra alcuni punti della storia longobardica* e mesmo o início do capítulo XXXI de *I promessi sposi*.

fizeram com que se desenvolvessem da maneira que sabemos. Por outro lado são grandes devido às extraordinárias mudanças que causaram nas condições de uma ou mais sociedades. Cada um destes acontecimentos teve, além de suas causas primárias, uma série de causas secundárias que influenciaram diferentes momentos de seu desenvolvimento. Cada um encontrou resistências e auxílios, sofreu atrasos e avanços, teve seus acidentes e modos especiais ou mesmo individuais. É um trabalho sensato e útil aquele do historiador que recolhe todas as informações, as depura e identifica para cada coisa e cada pessoas suas características e efeitos particulares para o todo, estudando e reproduzindo a sequencia real dos eventos, de maneira que o leitor, ao admirar a grandeza e a novidade do resultado, considere o conjunto natural e mesmo inevitável.

Mas há algo mais a ser feito, de certa forma algo de superior: representar os mesmos acontecimentos como deveriam ter sido, para aumentar o prazer e a estupefação no leitor. E esta, poeta, é tua função. A ti, portanto, cabe fazer uma nova escolha entre as partes do acontecimento, deixando de lado aquelas que não servem a teu objetivo especial e mais elevado, alterando como julgares melhor aqueles que julgares melhor conservar. A ti cabe encontrar as dificuldades que, na tua opinião, deveriam ter atrasado ou desviado o curso do acontecimento, bem como naturalmente encontrar os esforços com os quais deveriam ter sido superadas. A ti cabe imaginar acidentes, planos, paixões e, para representá-los mais facilmente, as personagens que teriam representado um papel mais ou menos importante. Cabe a ti traçar o caminho que os acontecimentos deveriam ter tomado para chegar onde chegaram.

Disse que, se uma projeto deste tipo fosse hoje em dia proposto *a priori*, soaria estranho. Não temo exagerar ao dizer que não ocorreria a ninguém.

Ao contrário, se quisermos olhar um pouco além ou simplesmente refletirmos sobre o que já sabemos, descobriremos que isto nunca aconteceu. A épica literária – da qual a épica histórica nem mesmo foi a primeira forma – não veio ao mundo, por assim dizer, como fruto de um projeto. Não era a realização de um conceito abstrato e anterior, mas a imitação de um fato muito, mas muito, diverso. A épica primitiva, ou por assim dizer espontânea, nada mais era que história, que para este propósito significa o que quer fosse aceito como história na opinião daqueles homens aos quais era narrada ou cantada. Restaram dois monumentos perpetuamente singulares daquilo então aceito como história, a Ilíada e a Odisseia. Mesmo quando não puderam mais serem aceitos como uma história verdadeira e genuína, se mantiveram como fonte de um imenso prazer por outras razões, e podiam portanto serem apreciados por um lado puramente estético. Nasceu facilmente a vontade de compor outras obras sobre esta mesma ideia e, como mesmo a imitação não se move a saltos, sobre temas igualmente tomados das tradições de épocas fabulísticas. Esta foi a primeira forma da épica literária, a qual se diferenciava da primeira por não ter nem o efeito nem o propósito de motivar uma crença no que era narrado. Mantinha, porém, aquela importante qualidade de narrar coisas para as quais não havia equivalentes históricos positivos e verificáveis para opor-lhes. Não se tratava mais de história, mas não havia uma história com a qual entrar em conflito. O verossímil, uma vez que parara de se passar por verdadeiro, podia manifestar e exercitar livremente a sua virtude particular e magnífica, pois não competia pelo mesmo campo com o verdadeiro, o qual, queira-se ou não, também possui um seu propósito e uma sua virtude particular que opera independentemente de qualquer convenção contrária. Desta forma, o mais esplêndido monumento que nos restou é a Eneida.

Mesmo que não houvesse evidências neste sentido, seria possível argumentar que os poemas homéricos eram no início aceitos como história simplesmente por sabermos que nenhuma outra fonte histórica existia e que os povos não vivem sem história. Eles desejam conhecer a verdade, e muito de essa, a respeito das coisas humanas, principalmente com relação a seus antepassados, bem longe de supor que, de uma tal matéria, eles possam obter prazer da contemplação do meramente verossímil. Nasce daí aquele alargar-se e transformar-se das tradições por meio do recurso gradual à invenção para aqueles detalhes que a memória não podia mais oferecer. Uma invenção certamente fácil, espontânea e, em parte, quase involuntária por parte de seus autores, e apresentada a um público que não desejava condená-la. Afinal, ninguém duvida que esta fosse a autoria e a origem daqueles poemas, e não é de homens pouco observadores ou pouco eruditos a conjectura de que estas não são obras de um único autor, repartidas por aqueles que as cantavam mais ou menos fielmente ao povo e então reunidas, mas uma coleção, uma costura do trabalho sucessivo de muitos autores sobre os mesmos temas. Seu verdadeiro autor teria sido aquele "Homero perdido no amontoado de povos gregos", com diz Vico[21] com aquela sua originalidade tipicamente

---

[21]   Giambattista Vico, *Scienza nova*, livro 3; *Discoperta del vero Omero.*

audaz e ainda mais tipicamente sólida. De qualquer modo, aquelas histórias falavam à credulidade, e não ao bom gosto que ainda não havia nascido. Baste pensar como teriam sido acolhidos os rapsodos que tivessem dito, se pudessem tê-lo dito: "Meus amigos, poderíamos ter narrados os acontecimentos que cantaremos da forma como realmente ocorreram, na medida em que somos capazes, mas decidimos apresentá-los de maneira diferente e arbitrária, adicionando e subtraindo conforme exigia a arte".

Um exemplo mais específico deste amor rigoroso pela verdade em um público ávido por fábulas pode ser encontrado nos romances medievais, cantados por aquela espécie de novos rapsodos chamados de trovadores, jograis, menestréis. São os romances dos quais evoluiu a nova épica, que deles tomou o nome de "romanesca". A este propósito, lembro algumas palavras do erudito La Curne de Sainte-Palaye[22]:

> "Parece que no início somente a história fosse o argumento daqueles poemas, se assim podem ser chamadas estas narrações compostas em metro e rima de modo a ajudar a memória. [...] É sabido que as crônicas de São Dionigi tivessem grande crédito nos séculos XIII e XIV, e que os historiadores não encontrassem modo melhor de obter a confiança dos leitores do que sustentar sua autoridade com aquelas."[23]

---

[22] [N.d.T.:] Jean-Baptiste de La Curne de Sainte-Palaye (1697-1781), estudioso das crônicas medievais e das obras dos trovadores.

[23] La Curne de Sainte-Palaye, *Mémoires de l'Académie des Inscriptions et Belles-Lettres* 15:580.

Citarei um entre os exemplos de poetas históricos lembrados pelo douto acadêmico, de autoria de um certo Philippe Mouskes, de início do século XIII. Este, após ter sido acusado de não ter usado a cautela devida na escolha de suas fontes, responde:

... Quant un me conseilla

que trop obscurement savoie

les faiz que je ramentevoie,

et que s'a Saint Denis allasse,

le voir des Gestes y trouvasse,

non pas menconges ne frivoles;

bientost après cestes paroles

m'en vins là, et tant esploitai,

que veu ce que je convoitai,

lors alai faus apercevant

quanque j'avoie fait devant;

Si l'ardit c'on ni deust croire,

et me pris à la vraie historie,

jouste la quele je mesis?[24]

---

[24]   [N.d.T.:]"Quando me disseram que havia me confundido demais com relação aos fatos que narrei e que se eu fosse para Saint Denis encontraria a verdade sobre estes fatos, e não mentiras e frivolidades, parti imediatamente. Procurei tanto que, tendo aprendido o que ardentemente desejara e descoberto que tudo que havia feito era falso, queimei minha obra anterior de forma que ninguém pudesse acreditar nela e segui a história verdadeira o máximo possível, e assim a coloco no papel."; no original, Manzoni glossa algumas palavras para facilitar a compreensão aos leitores italianos. Citando René Guise, Bermann nota que Manzoni atribui erroneamente o poema a Philippe Mouskes, sendo obra de Guillaume Guiart.

Dado que realmente consultavam aquelas famosas crônicas, o que encontravam nelas?

Come cils Kalles la conquist toute entièrement em son tens, et la fist obaïr à ses commandemens; Come Fernagus un Jaianz du lignage Goulie estoit venu à la cité de Nadres des contrées de Surie: si l'avoit envoié l'amiraus de Babilone contre Kallemaine pour deffendre la terre d'Espaigne: Comment Rollans occist le Roi Marsile, et puis comment il fendit le perron, quant il cuida despiecer s'espée; et puis comment il sonna derechief l'oliphant, que Kalles oï de VIII miles loing.[25]

Não é supérfluo acrescentar à observação do douto La Curne uma similar mas baseada em pesquisas muito mais vastas, de meu ilustre amigo Fauriel, de quem lembro com saudades[26]:

"Os autores dos romances épicos do ciclo carlovingiano se apresentam invariavelmente como historiadores de fato. Iniciam sempre proclamando que não dirão nada

---

[25]   *Chroniques de Saint Denis: Gestes le grant roi Kallemaine, Recueil des historiens des Gaules et de la France,* vol. 5. [N.d.T.: "Como Carlos Magno conquistou toda [a Espanha] em sua época, e a fez obedecer a si; como Fernagus, um gigante da linhagem de Golias, chegou à cidade de Nardres dos campos da Soria, onde o almirante da Babilônia o havia enviado para defender as terras espanholas de Carlos Magno. De que forma Rolando matou o Rei Marsilio, e como ele fendeu a rocha, quando quis quebrar sua espada; e como ele soou o olifanto novamente e Carlos Magno o ouviu a oito milhas de distância."; Manzoni novamente oferece algumas glossas ao leitor italiano.]

[26]   [N.d.T.:] Claude Fauriel, 1772-1844.

que não seja conhecido e autêntico. Citam sempre documentos, ou seja autoridades para as quais apontamos quando desejamos convencer. Estas autoridades são geralmente certas crônicas preciosas, conservadas neste ou naquele monastério, que tiveram a sorte de poder consultar com o auxílio de algum douto monge [...]. Os termos com os quais descrevem suas histórias são sugeridos pela mesma reivindicação de tê-las derivado de documentos veneráveis. Chamam-nas de *chansons de vieille histoire* [canções de histórias antigas], *de haute histoire* [de histórias grandiosas], *de bonne geste* [de façanhas heróicas], *de grande baronie* [de grande nobreza]. Não usam estas expressões para vangloriar a si próprios: a vaidade literária não tem neles nenhuma força em comparação com o desejo de serem acreditados ou passarem por simples tradutores, por simples repetidores de lendas ou histórias consagradas".[27]

Aquelas proclamações equivalem em função às invocações homéricas à deusa da memória. Demonstra que, mesmo em uma época na qual a história estava sendo escrita, era a vontade de acreditar que atraía a parte menos douta da população às narrações épicas, ou seja a parte que mais se assemelhava à inteira população da época de Homero, ou dos Homeros se assim se preferir.

Para continuar estes breves elementos sobre a antiguidade clássica (dado que, por sorte, o tema não nos impõe de tratar de fatos

---

[27]   Fauriel,*Histoire de la poésie provençale*, cap. 25, vol. 2, pp. 281-82.

análogos de outras antiguidades: fatos dignos de nota mas que não estão relacionados à gênese da épica de que estamos tratando), cabe lembrar que também em Roma a épica surgiu com a aparência e a autoridade da história[28]. Desde a época de Tito Lívio era sabido que a narração da fundação da cidade fosse em grande parte uma feitura poética[29]; alguns autores modernos já argumentaram, com evidências às vezes muito fortes, às vezes menos prováveis, que este reconhecimento teria se dado ainda antes. A forma mais antiga na qual aquelas narrações chegaram até nós é a forma típica da história: parece verossímil que tenham estado por pouco tempo nas mãos dos poetas cíclicos, se é que em algum momento estiveram. Esta forma original era, como disse Vico a respeito da antiga lei romana, "um poema sério"[30]; parece pouco provável que os patrícios romanos, costumeiramente guardiões, conservadores e consagradores, tivessem deixado aos cuidados de artistas e mestres da plebe a história na qual se lançavam as fundamentas das instituições criadas para manter seu domínio sobre a plebe.

O assunto daquela épica não era uma aliança acidental e temporária de príncipes para a destruição de uma cidade, da qual voltavam vencedores a seus respectivos estados (pobres estados!) para logo brigarem entre si, depois de várias aventuras durante e após a

---

[28] [N.d.T.:] Manzoni não cita explicitamente o *Scienza nuova* de Vico, mas a referência à obra do filósofo napolitano devia ser transparente a qualquer leitor de seu ensaio.

[29] "Quae ante conditam, condendamve urbem, poeticis magis fabulis, quam incorruptis rerum gestarum monumentis traduntur, ea nec affirmare, nec refellere in animo est." ["Quanto àquilo que ocorreu antes da fundação da cidade, não tenho intenção de confirmar ou de refutar estas tradições mais apropriadas à criação poética do que ao relato de fatos autênticos"] (Lívio prefácio).

[30] *Scienza nuova*, livro 4, corolário.

empreitada. O assunto era a fundação e o crescimento da cidade (e que cidade!) daqueles mesmos patrícios. Mesmo aos gregos, pouco importava o que exatamente dissera Minerva a Pandaro para induzi-lo a ferir Menelau, ou Iris a Aquiles para enviá-lo a resgatar o corpo de Pátrocolo junto aos troianos[31]. Mas não teria sido tratado com o indiferença o fato de que a fantasia dos poetas do povo pudesse brincar com os encontros entre Numa e Egéria, dos quais nascera a instituição dos sacerdócios, os ritos e a compreensão, mantida secreta por tanto tempo, dos dias fastos e nefastos[32]. Foi a narração do áugure Azzio Navio, que prodigiosamente defendeu seu conhecimento dos esforços de Tarquínio Prisco em estabelecer novas tribos sem antes consultar o oráculo, a estabelecer e perpetuar a autoridade dos augúrios e dos auspícios, que governaria a tomada de praticamente todas as decisões[33] e era atributo e propriedade dos patrícios[34]. Teria sido não apenas supérfluo, mas perigoso, que outras narrações sobre a mesma matéria fossem inventadas, por capricho ou por malícia, e cantadas à plebe contra a qual os auspícios eram frequentemente empregados, e dos quais se serviram para frear os ímpetos e interromper as deliberações da mesma plebe, mesmo quando estes haviam se tornado legais.

---

[31] *Ilíada*, livros 4, 18.

[32] Lívio I.21-22.

[33] "Ut nihil belli domique postea nisi auspicato gereretur". ["Na guerra como na paz, nada a partir deste momento seria feito sem que se tomassem os auspícios".] (Lívio 1.36)

[34] "[Interroganti tribuno 'cur plebeium consulem fieri non oportet', ut fortasse vere, sic parum utiliter in praesens certamen] respondit, 'quod nemo plebeius auspicia haberet'." ["Quando a tribuna perguntou porque um plebeu não poderia se tornar cônsul, recebeu a resposta, talvez justa mas certamente pouco apropriada para uma discussão destas, de que 'nenhum plebeu não pode tomar os auspícios'."] (Lívio 4.6)

Existe uma figura feminina proeminente tanto na épica grega quanto na latina; na primeira é causa de um grande acontecimento, na segunda de uma grande mudança. Os poetas podiam aumentar e alterar os eventos de Helena – esposa de um daqueles numerosos reis – sem inconvenientes: mesmo quando em Esparta havia-se acordado em perpetuar estas notícias sob uma forma única e consagrada, dificilmente teriam podido silenciar o diz-que-me-diz poético do resto da Grécia. Contudo, Lucrécia[35] – uma matrona, esposa de um membro do patriciado romano (grupo igualmente numeroso, mas voltado a uma perpétua unidade dominadora) – era a vítima que santificara a passagem da aristocracia real à mais pura aristocracia consular. Não se tratava de uma memória que pudesse ser abandonada ao arbítrio fecundo das fantasias.

Quando, muito depois, aquela história voltou às mãos de poetas (mas poetas de outro gênero, ou seja de poetas literários), já havia assumido uma forma tão estável e distinta que dificilmente alguém poderia pensar em apropriar-se da mesma. Ainda era uma história revestida de excessivo crédito para que pudesse parecer conveniente tomar-lhe um pedaço para enchê-lo com fábulas novas, nascidas da mente de um só autor. Isto explicar, se não estou enganado, porque Ênio, querendo que esta história se tornasse novamente poesia, não encontrou outro expediente além de colocar a coisa toda em verso[36]. E, julgando pelos fragmentos que restaram de seus Annales, uma vez tomado este caminho, ele decidiu continuar a

---

[35] [N.d.T.:] Lucrécia, esposa de Colantino, suicidou-se após ter sido desonrada por Sexto Tarquínio.

[36] [N.d.T.:] Quintus Ennius, poeta latino (240-169 a.C.), autor de uma longa épica chamada *Annales* que descrevia a história de Roma dos mais remotos fatos mitológicos até seu tempo.

narração até quase seus dias. O próprio título (Annales) é uma evidência suficiente de que o tema de sua obra não era uma ação una e completa, com início, meio e fim, o que, como diz Aristóteles e como todos entendem, é uma qualidade essencial do poema épico[37]. Portanto, Ênio não pode ser considerado um continuador da epopeia homérica, e nem mesmo como o fundador da epopeia histórica, a qual tem em comum com a primeira o propósito de representar uma ação una e completa, apesar da diferença essencial de obter seu tema de uma matéria tão diversa quanto o é a história da fábula.

Naturalmente a epopeia literária e artificial, nascida da imitação da epopeia espontânea e primitiva (e como poderia ter nascido de outra forma?), tentou de início seguir e imitar esta última no campo da fábula, antes de chegar a uma alteração profunda e radical ao percorrer um caminho intermediário, entre a Ilíada e a Farsália[38]. Para que se superassem todos os obstáculos envolvidos na imitação de algo que surgira espontaneamente e cuja razão de ser estava ligada a uma mentalidade e a circunstâncias que não existiam mais, foram necessários um tema único, como aquele da Eneide, e um

---

[37] "De narrativa autem, et in metro imitatrice, quod oportet fabulas, quemadmodum in tragediis, constituere dramaticas, et circa unam actionem totam et perfectam, habentem principium et medium et finem". ["Quanto à narrativa poética em forma narrativa e que utiliza um só metro, o enredo deve,, como na tragédia, ser construído sobre os princípios dramáticos. Deve ter por argumento uma única ação, inteira e completa, com um início, um meio e um fim"; Manzoni explica em nota que, para facilitar os que não conhecem grego, cita neste ponto e daqui em diante a tradição ao Latim de Vettori, conhecida por ser extremamente literal. A isto acrescenta as palavras de Dido ao receber Enéas e os demais exilados troianos: "Non ignara mali, miseris succurrere disco" (Por não desconhecer o mal, aprendi a ajudar os necessitados) em *Eneida* I.630] (Aristóteles, *Poética*, cap. 22).

[38] [N.d.T.:] Obra de Lucano que narra a guerra civil entre Pompeu e César até a batalha de Munda em 45 a.C.

homem único, como Virgílio, capazes de produzir uma obra diferentemente original, uma obra que, apesar de certamente diversa de seu arquétipo, não lhe era inferior em nada.

Como o tema era ao mesmo tempo mitológico mas ligado à fundação de Roma, o poeta encontrava tanto a fecunda liberdade da fábula quanto o vivo interesse da história. Por um lado, naquela vasta e leve névoa dos séculos heróicos ele podia suscitar aparições fantásticas, *speciosa miracula*[39], inventar ao bel prazer, juntando suas invenções a invenções anteriores tão ou mais célebres que a história, mas ao mesmo tempo naturalmente desdobráveis. O conhecimento da história e das crenças históricas associadas àquelas épocas eram domínio de poucos eruditos, e certamente não quero sugerir que, na idade de Augusto, a epopeia pudesse valer-se de todo aquele andamento livre e seguro de outrora. Mas pensemos quão frágeis e folgadas deviam ser aquelas amarras, em comparação àquelas que limitariam a epopeia histórica seguinte. Ao contrário daqueles que pensavam imitá-lo, Virgílio não era forçado a empurrar os deuses em episódios cuja noção já estava plenamente formada na mente dos leitores sem a presença daqueles deuses. Virgílio os encontrava no próprio tema[40]: não era ele que, para glorificar seu herói, o fazia filho de uma deusa; nem era ele o primeiro que a fazia descer para ajudar o herói ferido em batalha[41]. A intervenção de outras divindades em favor

---

[39] Horácio, *Ars poetica*, 144.
[40] [N.d.T.:] Guise, *apud* Bermann, lembra neste sentido uma opinião expressa por Voltaire em seu *Essai sur la poésie épique*, um texto certamente conhecido por Manzoni, de que Virgílio não poderia ter excluído os deuses de Homero de sua trama, deuses que eram praticamente seus e que, segundo a tradição, haviam conduzido Enéas à Itália.
[41] *Eneida*, livro 12; *Ilíada*, livro 5.

ou contra Enéas era o desenvolvimento de um conflito já iniciado, de alianças já estabelecidas.

Por outro lado, aquele mesmo tema que assim se configurava quase uma continuação da Ilíada, era (ou melhor: pode tornar-se nas mãos de Virgílio) a obra mais grandiosamente e intimamente nacional para o povo em cuja língua fora escrito. Afinal, para além de todas estas vicissitudes poéticas, e como objetivo final e verdadeiro destas, encontra-se sempre Roma; poderia quase chamar Roma de tema ulterior do poema. É por ela que o Olimpo se comove e o destino se detém. Qualquer tema tomado diretamente da história de Roma, além de nunca poder tornar-se completamente poético (o que devia ser objeto de grande repugnância para Virgílio), teria sido apenas mais um episódio daquela imensa história. Não poderia ter sido nada além de um fato causado por acontecimentos anteriores e que se tornaria causa de acontecimentos seguintes: uma vitória que preparava outras guerras, uma expansão do império que o aproximava de novos povos a serem conquistados. Na Eneida, Roma é vista de longe, mas por inteiro. Deixem quem o poeta, sempre discretamente, sempre maravilhosamente, aponte vosso olhar em sua direção. Deixem que ele retrate mesmo sua história futura, ora em algum particular, com acenos rápidos e magistrais, ora em maior detalhe, por meio de belíssimas invenções poéticas como a profecia de Anquises ou as armas fabricadas por Vulcano. Pouco importa se estas invenções são novas ou velhas, depois de terem passado pelas mãos de Virgílio.

A razão é a virtude do estilo poético de Virgílio, impossível de ser superada. Por estilo poético me refiro àquele estilo que se distingue do uso comum de uma língua pela razão – importantíssima, para quem a souber explorar bem – de que a poesia deseja exprimir ideias que o uso comum não precisa exprimir, mas que igualmente merecem ser expressas uma vez que tenham sido concebidas. Mesmo coisas comuns possuem qualidades e relações mais secretas e menos conhecidas, ou mesmo desconhecidas, do que aquelas de costume associadas a elas. São precisamente estas que o poeta deseja exprimir e, para isto, necessita de locuções novas. *Ele quase fala outra língua*[42], pois tem outras coisas a dizer. E quando é levado pela agitação da alma ou pela concentrada contemplação das coisas ao limiar, por assim dizer, de uma ideia para a qual a linguagem comum não lhe dispõe uma forma de expressão, encontra uma com a qual capturá-la e entregá-la, em uma roupagem particular e distinta, à sua mente – pois com os demais, com os leitores, pode ter se preocupado antes e talvez se preocupe depois, mas certamente não considera naquele momento.

O poeta raramente faz isto por meio da invenção de palavras novas, como fazem e devem fazer os descobridores de verdades científicas; e ainda mais raro é que o faça com sucesso. Ao contrário, ocorre quase sempre pela combinação incomum de palavras comuns, precisamente porque, em sua essência, o caráter especial da poesia não é tanto o de ensinar coisas novas, mas o de revelar aspectos novos de coisas conhecidas, e a forma mais natural para fazê-lo é estabelecer relações novas entre vocábulos com significados conhecidos. Estas fórmulas dificilmente entram no uso comum, pois, como dissemos, o uso comum raramente precisa exprimir tais conceitos e a virtude peculiar da palavra poética é dar corpo às intuições, e não fornecer

---

[42] "Poetas quasi alias quadam lingua locutos non conor attingere" (Antonius em Cícero, *De oratore*, 2.14).

instrumentos ao discurso. Ainda assim, quando estas fórmulas são verdadeiras e incomuns, como deveriam sê-lo, resultam agradáveis em dobro. E, acrescento, efetivamente ampliam nosso conhecimento, apesar de alguns acreditarem que todas as coisas conhecíveis possam ser enquadradas em algumas poucas e fixas categorias[43].

Definir a poesia é lembrar tudo aquilo que Virgílio faz de maneira excelente. Mais do que qualquer outro poeta, Virgílio criou e satisfez a necessidade de expressões novas, verdadeiras e exóticas, em sua contemplação agitada e serena, com intuições ora rápidas, ora pacientes (precisamente porque vivas) das coisas descritas[44]. E me refiro a uma necessidade real, pois ninguém estaria menos inclinado do que Virgílio à inovação quando o uso comum fosse suficiente para sua expressão. Mas normalmente não o era, e por isso são tão frequentes em seus versos, apesar de nunca serem em excesso, aquelas combinações de palavras tão inesperadas mas nunca violentas. Poderíamos lembrar a *callida iunctura* de Horácio[45], mas, por mais bela

---

[43]   Espero que nenhum leitor confunda o estilo poético ao qual me refiro, que é característico de cada escritor, com aquela coisa trivial impropriamente chamada de linguagem poética (falta de propriedade, além do mais, que não é exclusiva a este ponto): como se em uma língua pudesse haver outras. Fazia-se consistir esta última de uma série de expressões que deveriam ser utilizadas exclusivamente em verso, como "reinos sombrios", "cisnes cantores", "líquidos cristais", "fogo antigo", "estação das flores" e outros. Expressões em sua maioria mitológicas, mais ou menos apropriadas, que, uma vez que um poeta as descobria, os outros só sabiam repetí-las, tornando-se ao mesmo tempo estranhas à linguagem comum mas triviais.

[44]   Em sua *Vida de Virgílio*, Donato diz que o poeta, questionado por Mecenas sobre o que nunca existiria em excesso, respondeu que todas as coisas, seja por sua quantidade ou pela semelhança entre uma e outra, podiam sem querê-lo tornar-se tediosas, com a única exceção do compreender: *Praeter intelligere*. Poderia ser a opinião de um filósofo, mas é também a opinião de um poeta como Virgílio, e não haviam sido os gramáticos a sugerí-la.

[45]   Horácio, *Ars poetica*, 47-48:

que seja esta descrição, a arte de Virgílio exige uma qualificação mais gentil e mais elevada. Provavelmente não há palavras mais adequadas a isto do que as suas próprias:

Nec sum animi dubius verbis ea vincere magnum
Quam sit, et angustis hunc addere rebus honorem

ao que acrescenta:

Sed me Parnassi deserta per ardua dulcis
Raptat amor: iuvat ire iugis qua nulla priorum
Castaliam molli devertitur orbita clivo.[46]

O que significa: "Mas eu sinto que sou Virgílio". É tentador imaginar que nenhum poema com um estilo como o seu pudesse deixar de agradar, não importando seu tema ou sua estrutura. Mas se trata de uma argumentação insensata, pois aquele mesmo juízo fino e cuidadoso que guiava Virgílio na escolha de suas expressões o teria afastado de um tema que não oferecesse as melhores condições, bem como de uma estrutura que não tivesse um valor intrínseco, não importando se este ou esta tivesse surgido na sua mente ou na de outros.

Dixeris egregie, notum si callida verbum
reddiderit iunctura novum. ["Escreverás com distinção se uma disposição habilidosa das palavras tornar nova uma palavra conhecida".]

[46] *Geórgicas* 3.289-93. ["De minha parte, sei bem o que significa triunfar sobre meu argumento com palavras e como elevar minúsculos detalhes pela dignidade do verso. (...) Mas um doce desejo me leva às encostas desertas do Parnasso. Amo caminhar naquelas alturas onde nenhuma roda marcou a terra antes de mim na gentil ladeira que leva a Castalia."]

Logo após Virgílio, se apresenta Lucano, que pode ser considerado o fundador da epopéia histórica. Ele foi, podemos dizer, o primeiro a tomar como tema de um longo poema um acontecimento de tempos históricos, formado por muitos e vários fatos e que possui aquela unidade de ação que resulta dos vínculos destes últimos que levam à conclusão daquele primeiro. Escolhi a expressão "acontecimento de tempos históricos" e não "acontecimento histórico", pois nisto reside a diferença essencial entre a Pharsalia e as epopéias anteriores, uma diferença cuja importância não foi reconhecida pelos críticos que, observando diferenças reais mas secundárias, não perceberam que estas eram dependentes daquela primeira e capital inovação. Afinal, a guerra de Tróia pode ser considerada, em maior ou menor medida, um fato histórico como as guerras civis de Roma, assim como o Enéas que chegou à Itália após a mesma guerra pode ser chamado, em maior ou menor medida, de personagem histórica assim como César. Por causa disso, pode ter parecido que entre os temas da Ilíada e da Eneida e o tema da Pharsalia não houvesse uma diferença substancial, e que as inovações de Lucano fossem meras idiossincrasias suas. Mas, a menos que esteja enganado, um mínimo de observação deveria revelar que se tratava de consequências não necessárias mas naturais da escolha de tomar o tema do poema de tempos históricos, ou seja de tempos dos quais o leitor podia ter, ou poderia obter quando o quisesse, uma ideia independente e diferente daquele que o poeta usara em sua invenção. Se houve uma idiossincrasia, foi esta.

Vou citar duas das inovações que mais foram comentadas de Lucano. A primeira é o fato que o poeta seguiu rigorosamente a história, ao invés de transformá-la livremente. Mas isto se deu pelo fato da história estar no próprio tema, e o poeta teve de decidir entre segui-la ou contradizê-la, o que o levaria a desafiar e chocar-se com uma ideia já enraizada nas mentes[47].

A segunda inovação é o fato de ter excluído os deuses do poema. Mas isto se deu porque não se encontravam no tema escolhido, e certamente não é a mesma coisa o usar as partes do tema na obra e o introduzir outras que não pertencem ao tema.

Criticar Lucano como fizeram muitos críticos por tentar criar, por meio de seu enredo, uma história em versos ao invés de um poema – as outras críticas que foram e são feitas à Pharsalia não são relevantes ao nosso estudo – não consideraram, a meu entender, se ele dispunha de alguma alternativa, querendo compor um poema épico. Lucano deveria ter escolhido um tema de uma época mais remota, para poder introduzir divindades mitológicas em tempos históricos? Ou deveria ter tomado o tema de épocas fabulísticas? Ambas as

---

[47] Talvez possa ser dito quanto a este ponto que também a *Eneida* foi sujeita a objeções históricas e que, por exemplo, a fábula de Dido era reconhecida como falsa ("fabula lascivientis Didonis, quam falsam novit universitas" [a fábula da lasciva Dido, que todos reconhecem como falsa], Macróbio, *Saturnalia* 5.17), assim como era reconhecido o anacronismo sobre o qual o poeta a havia criado. Não nego este defeito, que contudo considero leve e sobretudo não necessário. Era um conceito simples e resumido do real, um conceito quase puramente negativo, que insurgia contra um vasto e admirável complexo de verossímeis. Imaginemos por um momento que um anacronismo deste tipo (se por acaso é um anacronismo algo contestado por dados cronológicos) seja introduzido em um tema da época histórica (isto é, da moderna): como seriam contínuos e detalhados os contrastes que encontraríamos entre fábula e história! Como disse, esta falha não era necessária na epopéia fabulosa: não porque na epopéia histórica sejam necessárias alterações tão profundas à história, mas porque na primeira não é necessária nenhuma alteração. Além disto, como já foi dito – e é um ponto a nosso favor – a epopéia de Virgílio não podia se valer de todas as vantagens daquela homérica.

alternativas foram exploradas e com êxitos pouco felizes, e por homens de dotes poéticas nada escassas para poder atribuir a eles a culpa principal. De fato, se as obras de Virgílio não tivessem sobrevivido, estes poetas seriam certamente mais louvados do que o são, talvez mesmo admirados; afinal, haviam aprendido dele tudo quanto podia a língua latina, e imitando-o nesta mesma língua puderam, em termos de estilo, ser talvez mais consistente e ousadamente poéticos de quanto as línguas modernas permitam mesmo aos mais talentosos engenhos.

Como Virgílio, Sílio Itálico faz os deuses intervirem em seu poema[48]. Mas seu tema, ao contrário de Virgílio, era a segunda guerra púnica e seus protagonistas, Haníbal e Cipião, não descendiam do Olímpo, ao contrário de Enéas e Turno. Não se tratava de "heróis misturados a deuses"[49], mas dos generais e dos homens de estado de duas repúblicas. Podemos imaginar que efeito tinha, mesmo em leitores pagãos, mas sempre familiarizados com Lívio e Políbio, uma cena de Marte que, entrando de pessoa na batalha do Ticino, protege com seu escudo o jovem Cipião e lhe fala de sua carruagem alada[50], ou Juno que, para fazer Haníbal sobreviver a batalha de Zama, envia ao seu encontro um fantasma na forma de Cipião, que, fugindo à sua frente, o afasta do campo de batalha[51]. Como Virgílio conseguira, com coerência poética, prolongar o ódio da deusa pelos prófugos de Troia e

---

[48] [N.d.T.:] Sílio Itálico (25-101), autor de um longo poema, o *De bello punico*, que narra os eventos da história romana e cartaginês em dezessete livros.
[49] Virgílio, *Éclogas*, 4.15-16:
...divisque videbit
Permixtos heroas...
[50] Sílio Itálico, *De bello punico*, 4.457-80.
[51] Sílio Itálico, *De bello punico*, 17.522.

por Enéas, primo de Páris, Sílio Itálico imaginou que poderia reviver seu ódio pelos romanos dos século seis. Não se importou que a paz já estivesse selada há tempos, nem entendeu aquele trecho da Eneida no qual Júpiter diz a Juno "Quae iam finis erit coniux? [...] Desine iam tandem [...] Ulterius tentare veto" e, após algumas outras palavras, "Annuit his Iuno, et mentem laetata retorsit"[52]. O que significa: esta história terminou, virão tempos e acontecimentos dos quais os deuses não podem participar, senão a força.

E mesmo Sílio Itálico foi acusado de ter sido fiel demais à história. Trata-se daquela crítica comum que nasce do não entender que, uma vez mudada a matéria, não seja tão fácil conservar a forma e do supor que com a história se possa fazer o mesmo que se faz com a fábula.

Os temas da *Tebaide* de Estácio[53] e da *Argonáutica* de Valério Flaco[54] eram tomados, como aquela da Eneida, dos séculos heróicos. Faltava porém aquele vínculo magnífico e perpétuo com a origem, com o progresso, com as tradições, com os destinos de uma sociedade viva e verdadeira, de uma sociedade como Roma. Não é pouca diferença. Após terem sido apreciadas como coisas tomadas por verdadeiras, as narrações baseadas na mitologia foram capazes de agradar como uma forma particular de verossímil, mas não poderia assim durar para sempre. Talvez tenha sido porque para nós que temos a sorte de não

---

[52] Virgílio, *Eneida*, 12.793, 800, 806, 841. ["Como vai terminar, minha esposa? [...] É hora de desistires [...] e proíbo tentares novamente [...] Juno concordou e se alegrou"]

[53] [N.d.T.:] Publius Papirius Statius, 61-96. O tema de sua *Tebaide* é a expedição dos sete reis contra Tebas e a guerra de Eteócles e Polínices.

[54] [N.d.T.:] Valerius Flaccus, ?-90. O tema de seu poema não concluído referido por Manzoni é obviamente derivado do homônimo de Apolônio de Rodes.

sermos politeístas "aquela qualidade de maravilhoso (se realmente merece este nome) que traziam consigo os Júpiteres, os Apolos e os demais nomes dos pagãos, não apenas está longe de qualquer verossimilhança, mas é fria, insípida e incapaz"[55]. Contudo, não é garantido que mesmo para os politeístas tenha sido uma fonte inexaurível de curiosidade e prazer. Um deles se lamentava que devemos

Expectes eadem a summo minimoque poeta.[56]

Onde os poetas latinos poderiam ter encontrado temas para epopéias, quando a história não podia ser usada como mitologia e a mitologia sem história não passava de uma velharia? A planta morrera, após ter desabrochado sua flor imortal.

Na literatura moderna logo encontramos um outro poema imortal, mas de um gênero completamente diverso na matéria e na forma[57]. Certamente não se pode dizer o mesmo do Furioso, cujo tema é deste mundo e de tempos históricos. Mas, como todos sabem, um conceito fabulístico daqueles tempos já havia sido difundido e era amplamente aceito, tornando-se matéria costumeira de poemas. Assim, Ariosto não teve de desafiar a história: simplesmente continuava a fábula, a qual não poderia reinar por muito tempo, mas ainda reinava com força suficiente para dele obter sua primeira e

---

[55] Tasso, *Dell'arte poetica e in particolare, sopra il poema eroico*, discurso I.
[56] Juvenal, *Sátiras*, 1.6. [Esperar as mesmas coisas do poeta magnífico como do modesto]
[57] [N.d.T.:] Manzoni certamente se refere a Dante Alighieri e sua *Divina Comédia*.

única obra-prima[58].

O primeiro poema que trazia o propósito e a forma das epopéias clássica e histórica foi a *Italia Liberata* de Trissino[59].

Seria um mistério como uma obra desse tipo possa ter conquistado fama junto a seus contemporâneos, mantendo-a até hoje, se não conhecêssemos a causa especial deste fenômeno. Trata-se da

---

[58]   Porque será que de todos os poemas produzidos por esta epopéia em seu estado primitivo, "nenhum tenha permanecido como um grande monumento da literatura à qual pertenceu, e que nesta figure como a *Ilíada* e a *Odisséia* fazem na literatura grega, ou a *Ramayana* e a *Mahabharata* naquela indiana?" É a pergunta feita por Fauriel (*Histoire de la poésie provençale* 3:382), que também aponta com muita perspicácia os motivos desta diferença. "A *Ilíada* e a *Ramayana*", diz ele, "não são apenas poemas populares: são, ou pelo menos foram, grandes monumentos nacionais, estritamente históricos, na medida em que não havia uma história a quem coubesse o lugar que estas ocupavam: foram monumentos consagrados pela autoridade política e religiosa[...]. Ao contrário, as epopéias medievais e renascentistas, por mais que tenham sido populares em determinados lugares e épocas, nunca foram realmente nacionais e nunca receberam a sanção da religião, da ciência ou da arte". (op. Cit., tomo III, p. 382). De fato, a parte alguma beleza acidental que Fauriel diz se possa encontrar em algum daqueles poemas, estes não podiam, por sua origem, receber nem mesmo a sanção da arte. Compostos para uma só classe de pessoas, e para a classe mais ignorante (pois havia registros históricos daqueles fatos, lidos por muita gente), e compostos para obter a fé quanto sua veridicidade, sua matéria não era direcionada ao estado comum do intelecto, mas a um estado particular, o mais baixo. O erro é sempre, em sua essência, uma coisa miserável, apesar da bela aparência que lhe possa ser conferida por ornamentos externos, e por isto não gostaria de definir como belas as mentiras da *Ilíada*. Mas não me parece plausível que um erro que se oponha a verdades positivas e conhecidas, ou conhecíveis, e que necessite de intelectos em um particular estado de ignorância para ser acreditado seja capaz de invenções tão convincentes. Nem me parece que os menestréis que se dirigiam a esta ignorância, e com este fim, pudessem ser intelectos capazes de invenções esplêndidas. Era a epopeia histórica, com o triste acréscimo do objetivo de enganar. Nem mesmo me parece que seus frutos possam ser objeto de uma viva e duradoura curiosidade. Vico, com boas razões, podia chamar Homero de "o mais antigo historiador que conhecemos da paganidade" (*Del vero Omero*), pois é daquilo em que povos inteiros acreditavam é possível inferirmos o que eles eram. Dos poemas épicos da Idade Média podemos inferir apenas o que as massas ignorantes

persuasão de que a verdadeira e única perfeição da arte pode ser encontrada exclusivamente nas obras da antiguidade, persuasão que junto à admiração pelos grandes poetas do vernáculo persistia na época de Trissino apesar da poesia italiana ter tomado, e percorrido a passos largos, um caminho diverso daquele indicado pelos clássicos da antiguidade grega e latina. Esta visão encontrava na poesia nova tantas lacunas quantos eram os gêneros de composições poéticas dos quais a antiguidade havia deixado alguns exemplares. O estudo crescente da literatura latina, as ruínas sepultadas que eram gradualmente descobertas e a enchente de obras gregas que chegara após a tomada de Constantinopla haviam ampliado em maneira desmedida o desejo de ver aquelas lacunas preenchidas. Trissino deu corajosamente um passo à frente para preencher duas dessas, e certamente não entre as menores. Doou à literatura moderna a primeira tragédia que observava as antigas regras, a Sofonisba, e o primeiro poema épico igualmente regrado, a Italia Liberata. E teria igualmente doado, tão era veloz, a primeira comédia em versos igualmente regida pelas antigas disposições, os Simillimi, se Ariosto não tivesse sido mais rápido[60]. Com aquela capacidade de invenção, estilo e verso, se tivesse escrito um poema de cavalaria certamente teria sido popularmente celebrado como o foram, durante algum

---

acreditavam.

[59] [N.d.T.:] Giangiorgio Trissino (1478-1550), poeta italiano extremamente preocupado com a "questão da língua" (entre outros, além de propor uma reforma ortográfica, traduziu, divulgou e comentou o *De vulgari eloquentia* de Dante Alighieri), entre cujas obras lembramos *Sofonisba* (1555), a primeira tragedia em italiano em obediências às regras clássicas, a comédia *Gli simillini* (1547) e o poema épico *L'Italia liberata dai goti* (1527-1548).

[60] [N.d.T.:] A primeira comédia da literatura italiana em obediência as regras clássicas foi a *Cassaria* de Ariosto, apresentada em Ferrara em 1508.

tempo, Bernardo Tasso[61] com seu Amadigi, Luigi Alamanni[62] com seu Giron Cortese e alguns outros, mas igualmente teria sido ofuscado em seus inícios. A Italia Liberata, porém, professava estar atendendo a uma necessidade, quase cumprir uma obrigação, da poesia nova, sendo assim investida com o título de poema épico. Título que manteve, sem que tenhamos a obrigação de lê-la, como aqueles vários príncipes que conservaram os títulos de reinos perdidos ou pretendidos, sem que tenhamos a obrigação da obediência. Aquele poema, pois não haveria outro nome com o qual chamá-lo, não foi um passo nem para frente nem para trás no percurso da epopéia histórica, por ele retomada após tão longo intervalo de tempo: apenas o fato de ter sido o primeiro lhe manteve e mantém uma estéril celebridade. Nada mais precisa ser dito a seu respeito, portanto.

Outra obra faz parte do restrito grupo de poemas épicos célebres, mas por razões diferentes e com bem diferente honra: Os Lusíadas de Camões, que veio à luz cerca de meio século após a Liberata. Este poema é, por assim dizer, duplamente histórico, porque além do espaço ocupado pela história, que é a matéria-prima de seu tema, o poeta reservou igual ou maior espaço à história de outros tempos. A ação principal é a expedição de Vasco da Gama, mas seu tema real é Portugal, assim como Roma havia sido na Eneida. Mas nem a história portuguesa, nem aquela de qualquer povo moderno, pode ser evocada por completo com um punhado de alusões. É impossível cobrir toda sua extensão apenas percorrendo os acontecimentos

---

[61] [N.d.T.:] Poeta italiano (1493-1569), pai de Torquato Tasso, cujo principal poema, o *Amadigi*, nunca obteve grande sucesso entre o público.
[62] [N.d.T.:] Poeta italiano (Florença, 1495 – Amboise, 1556), exilado na França onde foi recebido e patrocinado por Francisco I e Henrique II.

grandes e bem conhecidos, como fizera Virgílio com a história romana. Para ser como Virgílio um poeta continua e grandiosamente nacional, Camões não dispunha de um expediente melhor do que discorrer no poema a inteira história de seu país: aquela anterior ao momento da ação pela narrativa de Vasco da Gama a um rei africano, a posterior por uma profecia. Era uma forma nova e singular que a prepotente história havia encontrado para intrometer-se na epopéia, mesmo quando não era exigida pela ação principal. Mas porque "prepotente", e porque "intrometer-se", se apenas voltava à sua origem?

"Está bem," – me parece ouvir – "mas é necessário considerar um outro homem e um outro poema. Esta epopéia pode não ser mais a epopéia espontânea de Homero e nem mesmo aquela fabulística de Virgílio. Pode realmente ser aquela epopéia histórica que defendestes ter sido criada por Lucano, reformada por Silio Italico e ressuscitada por Trissino, cujo tema, sempre segundo esta defesa, repudia abertamente a ciência e o espírito de nossos tempos. Mas esta mesma epopéia não produziu a Gerusalemme Liberata, uma obra que há três séculos é admirada e apreciada pelos doutos e pelas pessoas cultas não apenas da Itália, mas do mundo – feitas poucas exceções, algumas distintas, é verdade, como Galileu, mas sempre apenas exceções?"[63]

E com isso? Ao defender anteriormente que a epopéia de cavalaria morreu, por acaso neguei que o Furioso sobreviva? O próprio Tasso, ao indicar que "o tema dos poemas heróicos deve ser tomado da história de um século não muito distante"[64], quis por acaso retirar do

---

[63] [N.d.T.:] Guise, apud Bermann, nota como seja uma alusão ao *Considerazioni sul poema di Tasso* (1590) de Galileu.

[64] Tasso, *Dell'arte poetica*, discurso I. Os inconvenientes que Tasso encontra na antiguidade de um tema certamente não será considerado por qualquer leitor o principal ou o verdeiro obstáculo. Nisto também pode-se perceber

grupo de poemas vivos a Eneida, cujo tema foi tomado de épocas fabulísticas, muito remotas mesmo para Virgílio? É evidente que não, pois não falava do que pudesse ter sido feito no passado, mas do que se podia fazer de novo. Assim, não creio se possa concluir que, por continuar a honrar a Gerusalemme, o público europeu tenha desejado manter viva a epopéia. Ao contrário, me parece que após a Gerusalemme tenha proibido com severidade a composição de novos poemas épicos.

Me perguntarão onde encontrei esta proibição.

A resposta é que há duas maneiras de se proibir, uma direta e uma indireta. Exemplo desta última são os enormes impostos que desencorajam (feita exceção do contrabando) a compra dos bens sobre os quais são aplicados. Creio que algo de parecido ocorra no caso de que estamos tratando. O poema épico foi elevado a obra sobre-humana, a um empenho do qual, apesar de não ser literalmente

---

como tenham aumentado as exigências da história. "A história dos tempos mais remotos", diz Tasso, "é extremamente cômoda para a imaginação do poeta, pois quando os eventos estão sepultados no seio da antiguidade e apenas poucas e obscuras lembranças restam deles, o poeta é livre para mudá-los mais e mais vezes, e narrá-los como deseja, sem qualquer respeito pelo verdadeiro. Mas esta vantagem traz uma igual desvantagem, pois junto à antiguidade dos tempos é necessário introduzir no poema a antiguidade dos costumes: mas praticamente todos os hábitos dos antigos, como sua maneira de guerrear e armar-se, não podem ser descritas sem entediar a maior parte dos homens desta época". O motivo real, que repentinamente se oferece à mente, é que podemos saber alguma coisa a respeito da antiguidade, e que podemos induzi-lo; é por isto que a antiguidade nos interessa. Mas assim que a antiguidade se torna o objeto de estudo de filósofos eruditos, ela deixa de ser matéria para os poetas. É como um manuscrito comido por traças aqui, com letras apagadas alí, mas onde, observado com atenção, o leitor pode ler o que restou e tentar suprir o que desapareceu. As invenções modernas a respeito da antiguidade seriam como os rabiscos que uma criança tivesse feito no manuscrito ou, melhor, como as lacunas preenchidas com letra de forma por um menino.

impossível, não há porque esperar por um retorno. Ninguém nunca se espantou que muitíssimos escritores se entregassem a composições poéticas de outras espécies; até mesmo que alguém tente uma composição de tipo inédito, mesmo de gênero narrativo, não soa estranho. Mas que alguém se proponha escrever um poema épico, um poema realmente épico, no sentido estrito do termo, não é algo em que se acredite imediatamente. Parece quase a promessa de um milagre, um alvo que está além do possível. Os próprios amigos do poeta se preocupam e quase o abraçam com lágrimas aos olhos, como se partisse para descobrir terras selvagens além de mares amaldiçoados, uma tarefa mais árdua e mais perigosa do que descrever, o que posso imaginar, um combate entre seres sobrenaturais.

É indiscutível que a poesia extraordinária seja uma coisa rara e difícil, assim como qualquer obra extraordinária. Mas a menos que alguém acreditasse, e certamente ninguém acredita, que a dificuldade de uma poesia dependa de seu comprimento, não seria evidente porque a poesia épica extraordinária seja tão peculiarmente difícil em relação às demais poesias extraordinárias.

"Dificilmente se encontra um romancezinho qualquer", disse Voltaire, "no qual os acontecimentos não estejam melhor organizados, não sejam preparados mais artisticamente e não sejam combinados com uma maestria mil vezes superior aos poemas de Homero"[65]. A afirmação pode parecer exagerada, mas acredito que se sustente principalmente se aplicada àquela grande quantidade de romances escritos após a publicação destas palavras e especialmente àqueles poucos que se tornaram célebres. É verdade que esta combinação dos

---

[65] Voltaire, *Essai sur la poésie épique*, capítulo 2.

acontecimentos, subordinando vários secundários a um principal e alcançando uma unidade global é justamente aquilo que no poema épico é considerada a coisa mais difícil e quase maravilhosa; o restante depende de outras capacidade que, se faltam, só resta desejar boa sorte. Mas para os que foram abençoados com estes talentos é difícil imaginar como não possam utilizá-los com proveito no poema épico assim como fazem em outros gêneros. Sou levado a crer que esta opinião a respeito de uma dificuldade particular nasça de uma certa noção confusa de que o gênero em si é intrinsecamente defeituoso. O poema épico é considerado extremamente problemático porque é tratado como a quadratura do círculo. Nos questionamos de como a natureza posso dar à luz um homem capaz de representar epicamente um grande acontecimento, que oculta outro questionamento: como é possível que alguém represente adequadamente um grande acontecimento ao mesmo tempo em que o deturpa?

O Voltaire antes citado nos faria lembrar, caso fosse necessário, uma transgressão bem sucedida daquela proibição: a Henriade, uma obra que recebeu um aplauso quase universal ao ser publicada que ainda hoje conserva. Mas este poema é justamente o que há de melhor para ilustrar como a dificuldade já havia aumentado naquela época, e quais expedientes o poeta teve de recorrer para superá-la. Abro então o volume da Henriade e encontro, antes da Henriade em si, uma "Ideia sobre a Henriade" e um "Compêndio de história" dos acontecimentos sobre os quais se baseia a fábula do poema. Após o poema encontro uma longa sequência de notas históricas e até mesmo um "Ensaio sobre as guerras civis da França"[66].

---

[66]   [N.d.T.:] Guise, *apud* Bermann, nota que as obras citadas por Manzoni não

Tasso condenava alguns poetas de sua época por bem menos, e com ótimos motivos. Ao falar da Ilíada, dizia se tratar de "uma fábula perfeita em cada sua parte, pois no seio de seu texto traz uma cognição inteira e perfeita de si, não sendo necessário buscar coisas exteriores que facilitem sua compreensão. Trata-se de um defeito do qual podemos acusar alguns modernos, que nos obrigam a recorrer àquela prosa que por sua própria declaração antepõem à obra. Esclarecimentos que se originam de argumentações e de outros suportes deste tipo não são artísticos ou propriamente poéticos, mas extrínsecos e mendigados"[67].

Observação maravilhosa, mas a questão é não precisar destes suportes. Homero certamente não precisava recorrer a explicações ou evidências históricas, pois ele próprio a fazia. Seu fiador era a Memória: bastava-lhe invocá-la no princípio e, além disso, de vez em quando. Virgílio também não precisava destas garantias, apesar de seu caso ser muito diverso: ele narrava coisas nas quais não se podia acreditar, não fazia história. Mas não havia, a respeito daquelas mesmas coisas, uma história que ele pudesse citar ou que devesse temer. Mesmo na época de Tasso o recurso a estes suportes era muito menos necessário de quanto o fosse na época de Voltaire. A exigência da verdade positiva nos poetas não poderia ter sido severa ou rigorosa quando era tão facilmente satisfeita nos historiadores e quanto a poesia ainda conservava grande parte de seu domínio sobre a história.

---

frequentemente apresentadas em ordem inversa; a "longa sequencia de notas históricas" é constituída pela "Dissertação sobre a morte de Henrique IV", um "Extrado sobre o Processo Criminal de Racabillac em 19 de maio de 1610" e um "Extrato sobre o Processo da Questão de 27 de maio".

[67] Tasso, *Dell'arte poetica*, discurso 2.

Afinal, as origens em grande parte poéticas das nações e dos estados ainda eram declamadas com segurança e aceitas com docilidade. Mesmo para os acontecimentos menos remotos, serem considerados verossímeis era geralmente suficiente a escritore e leitores de história para não verificar se fossem suficientemente documentados. Apesar de algumas acusações mesmo antigas, as palavras que os historiadores costumavam colocar na boca de suas personagens não pareciam fora do lugar, porque naquela época os historiadores se apossavam delas, assim como faziam os poetas.

Não creio que nada disto necessite provas, mas me seja permitido citar um exemplo bem conhecido de uma época um pouco anterior, mas não tão remota para que possa ser considerada, ao menos neste âmbito, uma época diversa. Se não me engano, até mesmo Machivelli, um observador tão vigilante e profundo – isto é, quando não elege a utilidade como regra suprema para suas opiniões e conselhos: uma regra iníqua e portanto absurda, por meio da qual, em conseqüência, não se pode chegar à essência de nada –, não faz uma única crítica histórica entre as muitas e variadas observações de seu "Discorsi sopra Tito Livio". Isto surpreende, pois Machiavelli insistia que sua lições derivavam dos fatos, a verdade dos quais deveria ter sido para ele uma condição preliminar não apenas importante, mas indispensável. Contudo, quando Machiavelli decide fazer citações, sua fonte são igualmente o Lívio dos diálogos e o Lívio da história. Chega mesmo a citar um trecho no qual o historiador, mais poético do que nunca, descreve os movimentos internos da alma. Em seu famoso capítulo sobre as conjuras[68], ao falar dos "perigos que se corre durante

---

[68] [N.d.T.:] Machiavelli, *Discorsi*, 3:6.

a execução", diz: "Tito Lívio não poderia descrever melhor como os homens sejam tomados pelas emoções e se confundam quando fala de como Alexameno Etolo descobriu, quando quis executar Nabis de Esparta, que devia explicar a seus soldados o que fazer: Collegit et ipse animum, confusum tantae cogitatione rei[69]."

Espero que ninguém imagine que eu esteja alegando que Machiavelli tomava por verdadeira qualquer coisa encontrasse em sua fonte. A própria observação "Tito Lívio não poderia descrever melhor" poderia ter sido igualmente aplicada para se citar um apólogo, assim como "Seu pretor, Anio, disse estas palavras" equivale a "quero apresentar as palavras de Papirio Cursor" e "nosso historiador coloca em sua boca estas palavras" que está para "pode-se notar pelas palavras que Lívio lhe faz dizer". Mas é justamente esta indiferença pela verdade positiva dos fatos históricos, esta busca intelectual pelo que possa ser interessante satisfazendo-se com o meramente verossímil que quis evidenciar em Machiavelli, demonstração sábia de uma tendência comum. Tendência que, não se baseando na razão, não poderia ter sido perpétua. Na época de Voltaire já havia diminuído em tal medida para obrigá-lo a acrescentar, em nome de um mal menor, todas aquelas estruturas históricas a seu edifício poético[70].

Minha vontade era acrescentar que o próprio Tasso, em um certo momento, demonstrou sentir, em outra maneira, aquelas incômodas e crescentes exigências da história, pois na Conquistata ele colocou muito mais história do que da Liberata. Mas sei que esta

---

[69] [Invoca o próprio espírito, confundido por tantos pensamentos sobre isto.]

[70] [N.d.T.:] Cabe lembrar que o próprio Manzoni sentira esta "[obrigação] de acrescentar estruturas históricas" não apenas na redação de *I promessi sposi*, mas também ao compor as tragédias *Adelchi* e *Carmagnola*, todos acompanhados por longas notas históricas.

opinião soaria escandalosa e que seria acusado, com desdém, de desrespeitar aquele grande homem por levar a sério uma sua aberração[71]. Ao invés de me tornar cúmplice daqueles críticos tolos e insolentes que fizeram um poeta atormentado sacrificar seu gênio, deixarei minhas observações na pena, dizendo tacitamente a mim mesmo:

Certamente não foram as críticas de terceiros que levaram Tasso conceder mais espaço à história em seu segundo poema, pois a crítica que lhe faziam quanto a este aspecto – completamente incoerente, mas isto não importa agora – era, ao contrário, "que a Gerusalemme liberata é mera história sem fábula"[72]. Bastiano de' Rossi, seu principal adversário naquela guerra, infelizmente digna da Itália daquela época, se opôs dizendo que "o poeta não é poeta sem a invenção; uma vez que escreve história, ou escreve sobre a história que outros escreveram, perde inteiramente sua essência"[73]. A mudança em Tasso nasceu, assim, por outras causas. Posso estar enganado, mas deve ter nascido do fato que Tasso, tomado por aquela infeliz determinação de rescrever seu poema, reexaminou as crônicas das Cruzadas, para verificar se houvesse algo a retocar também com relação à história. Esta produziu seu efeito natural de parecer mais apropriada do que a invenção quando um tema cabe mais a ela própria

---

[71] [N.d.T.:] A *Gerusalemme conquistata* (1593) é o resultado de uma longa e profunda revisão da *Gerusalemme liberata* (1575, publicada em 1581); desde o século XVI e com pouquíssimas exceções, em sua maioria meramente provocatórias, a opinião popular e erudita é de que a revisão seja muito inferior ao original, sendo de interesse essencialmente documentário.

[72] *Discorso di Orazio Lombardelli intorno ai contrasti che si fanno sopra La Gerusalemme liberata*, in *Opere di Torquato Tasso* (Florença, 1724), 6:224.

[73] *Degli accademici della Crusca, difesa dell'Orlando Furioso contra 'l dialogo dell'epica poesia di C. Pellegrino*, in *Opere di Tasso*, 5:406.

do que à invenção. Ele não podia dizer à história: "Vai embora, pois já recebeste a parte que te cabe", porque a parte que cabe à história em um poema, ou melhor dizendo a parte que se pode conceder à invenção em um acontecimento histórico, não havia sido determinada na época de Tasso, como até hoje não foi. Em seus "Discorsi dell'arte poetica", escritos pouco antes, Tasso dissera ao poeta: "Deves deixar o início e o fim da ação, bem como algumas coisas mais ilustres, historicamente intactos, mudando pouco ou nada. Muda então, se achares apropriado, os meios e as circunstâncias, confunde o tempo e a ordem das demais coisas, e mostra-te mais um poeta habilidoso do que um historiador confiável"[74]. Não me surpreende como mais tarde lhe tenha parecido que "algumas partes da ação mais ilustre haviam sido deixadas de fora na primeira" fábula da *Gerusalemme*[75], criada de acordo com esta mesma regra. Quem poderia esperar formular uma opinião idêntica duas vezes, inclusive a respeito da mesma questão, quando os critérios são tão indeterminados e nebulosos como "algumas coisas" e "pouco ou nada", ou então arbitrários e frouxos como "se achares apropriado" e mostrar-se mais poético do que histórico? Da mesma forma, não creio certamente encontrar uma norma mais útil do que a primeira quando Tasso, já – para sua desgraça – autor da Conquistata, diz: "Quanto à mistura do verdadeiro com o falso, creio que à verdade caiba sempre a maior parte, pois devem ser verdadeiros tanto o início, por ser nossa entrada para o restante, quanto o final, por ser a meta de tudo"[76]. Dizer "a maior

---

[74] Tasso, *Discorso*, ponto 2.
[75] *Giudizio sovra la Gerusalemme di Torquato Tasso, da lui medesimo riformata*, livro I, in *Opere* 4:132.
[76] Tasso, *Giudizio*, 132.

parte" não é mais preciso do que dizer "algumas coisas", mas se trata da confusão da epopeia, não da aberração de um homem.

Falávamos da Henriade e da prosa que nos acrescentou seu autor, de modo que a história não apenas ocupou um espaço maior na epopeia, mas também levantou acampamento do lado de fora desta. E o que contém esta prosa? Elencos de coisas anteriores ou concomitantes, que não podiam entrar no poema mas eram necessárias para compreendê-lo bem; citações de histórias, de memórias, de cartas, que advertiam o leitor de que este ou aquele fato cantado no poema era verdadeiro; comentários quando os fatos narrados podiam ser questionados; compêndios de biografia desta ou daquela personagem, para demonstrar como o que dizia ou fazia no poema estava de acordo com seu caráter e suas ações reais; e assim por diante.

É evidente que Voltaire tinha nesta obra, como em quase todos seus escritos em verso e prosa, outros fins, ou melhor, aquele seu perpétuo e deplorável fim de combater o cristianismo. Não é necessário demonstrar como o fizesse, com um tema no qual os horrores cometidos com o pretexto do cristianismo lhe davam um pretexto ainda mais evidente para acusá-lo, um meio mais fácil – para sua desgraça e dos outros – de torná-lo odioso. Mas, independentemente deste uso especial que Voltaire pôde fazer daqueles apoios históricos, era um capricho seu valer-se destes? Dificilmente, pois era apenas a consequência de ter colocado tanta história no poema, o qual, por sua vez, era um produto das diferentes condições daquela época, de leitores agora incapazes de ver na história um simples instrumento para fazer algo diverso. O autor não encontrou um expediente melhor – e alguém seria capaz de sugerir algum? – para mostrar a verossimilhança especial que ligava suas invenções a seus temas.

Era certamente mais simples, mais fácil e sobretudo mais apropriado à arte o que Horácio sugeria ao poeta de seu tempo (épico ou trágico, pois não fazia diferença): "Segue a tradição"[77]. Mas podia sugeri-lo porque ao mesmo tempo propunha protagonistas como Aquiles, Medéia, Ino, Ixo, Io e Orestes: personagens mitológicas, o que significa famosíssimas e sobre as quais não havia, além daquele conhecimento comum, nenhuma verdade positiva, verificável, que pudesse ser conhecida. Havia, com efeito, algumas pessoas que "sabiam" mais, mas o que elas conheciam? Uma quantidade ainda maior de invenções ao mesmo tempo arbitrárias e, por uma consequência natural, diversas e discrepantes. Naquele âmbito, a erudição era apenas um acúmulo de coisas em grande parte divergentes e inconsistentes, e não poderia ser outra coisa. Não havia uma base racional que permitisse escolher entre tantos relatos contraditórios, algumas característica de autoridade – e não apenas

---

[77] Horácio, *Ars poetica*, 119-24:
Aut famam sequere aut sibi convenientia finge.
Scriptor, honoratum si forte reponis Achillem,
impiger, iracundus, inexorabilis, acer.
iura neget sibi nata, nihil non arroget armis.
Sit Medea ferox invictaque, flebilis Ino;
perfidus Ixion, Io vaga, tristis Orestes.
["Ou segues a tradição ou, caso inventes, vejas
se tua invenção está harmonia com esta, escritor.
Se colocares em cena o glorioso Aquiles, que ele seja
ativo, iracundo, inflexivo, áspero; afirma que para ele não existem leis,
exijas tudo por meio das armas. Que Medéia seja feroz e incontrolável, que
Ino chore, que Ixion seja pérfido, que Io seja errante, que Horestes seja
triste".]

uma autoridade efetiva, mas uma suficientemente palpável para ser aceita pelos doutos em geral e para consequentemente convencer o público de que realmente havia algo a ser aprendido além de quanto já conhecesse. O pouco que havia de coerente e unitário naquela matéria vinha justamente do conhecimento comum, da tradição, e este pouco era tão sujeito a acréscimos arbitrários quanto imune a fatos comprovados. Assim, quanto o leitor ou espectador queria julgar franca e rapidamente a verossimilhança de invenção poética, já o termo de comparação pronto em sua mente[78]. Nestas circunstâncias, nada mais adequado do que o preceito, ou melhor dizendo a sugestão, de Horácio – pois na arte uma regra serve apenas para indicar o caminho. Mas como poderia este caminho ter servido ou contentado Voltaire? O que lhe apresentava a tradição para compor uma Henriade que não fosse uma narrativa indigna de seu tema e de sua época? O público sem dúvida conhecia algo sobre Henrique IV, Caterina de'

---

[78] Disse "julgar", pois é esta a operação que a mente efetua neste caso: o fato de ser acompanhada por emoções, mesmo vivíssimas, não muda sua natureza. São aqueles julgamentos fáceis, prontos, instantâneos, que se formam e seguem um ao outro na mente com velocidade indescritível, sem que a atenção consiga manter um só destes, nem que a reflexão os visite novamente; são aqueles julgamentos que, por assim dizer, servem à mente sem ocupá-la, e passam ao fazer efeito, fugindo ou perdendo-se no esquecimento, ou escondendo-se no fundo da memória, onde jazem despercebidos até alguma ocasião que desperte um ou mais deles – uma ocasião que pode nunca se dar. Por exemplo, quantos julgamentos deste tipo deve fazer subitamente um crítico de artes plásticas, sem depois poder discernir ou compará-los, que ao ver pela primeira vez um quadro exclama sem demora: é deste autor! Mais que isto, quando ouvimos uma palavra, um fato, um evento sobre uma certa pessoa ou coisa conhecida e logo acreditamos ou não nisto, o que fazemos não é concluir a partir de uma múltipla e rapidíssima sucessão de julgamentos de verossimilhança especial? E todos sabem como estes julgamentos são às vezes acompanhados por emoções mais vivas e profundas do que aquelas que a arte seja capaz de provocar.

Medici, a Liga e o cerco de Paris. Mas também sabia que se podia conhecer muito mais a respeito e, gostando ou não, era o que esperava receber toda vez que o tema se apresentasse, independentemente da forma. Quem se propusesse a tecer uma tela poética de verossímeis sobre aquela trama fraca e sutil do conhecimento comum daquele conjunto de eventos teria desiludido miseravelmente esta expectativa. A obra teria parecido e teria sido – quanto a este aspecto, é claro – uma continuação da epopéia de Jean Chapelain, Pierre La Moyne (le Père), Jean Desmarets e Mme. de Scudéry[79]. E assim o poeta se vê obrigado a fornecer ele próprio ao leitor o material de comparação necessário para que este julgue a verossimilhança especial de suas invenções. Como isto não podia ser feito nas fronteiras do poema em si, o poeta se viu obrigado a sair, para argumentar formalmente, provar e discutir por meio daquela que ele mais de uma vez chamara de *vile prose*.

A Henriade é uma ocasião para discutir outro grande problema da epopéia histórica, ou seja o maravilhoso sobrenatural.

Este maravilhoso deve ou não deve figurar em um poema épico? Questão resolvida repetidas vezes, mas nas duas direções opostas.

Me pergunto se estes poetas e críticos que acreditavam poder encontrar as mais importantes regras da arte, senão todas, na Poética de Aristóteles notaram o silêncio absoluto do mestre sobre este ponto para eles tão importante. Silêncio que lhes devia parecer estranho, mas que é extremamente natural para quem considere que a questão

---

[79]   Autores de *La Pucelle, La Louisiade, Clovis* e *Alaric*: poemas que se mantiveram célebres no nome, em parte por terem sido tais em uma certa época, em parte por terem sido objeto de escárnio por poetas de diferente fama. [N.d.T: Manzoni se refere a Nicolas Boileau (1636-1711).

ainda não havia surgido, e provavelmente não podia ser prevista, na época em que Aristóteles escrevia. Seu tratado fala da epopéia homérica, da epopéia que era praticada e conhecida naquela época, daquela que tomava seus temas dos séculos heróicos, temas para os quais o maravilhoso era inato e que para Aristóteles, portanto, era subentendido. Esta disputa que parece não ter fim originou-se quando a epopéia inicou a tomar seus temas dos séculos históricos.

Alguns argumentam que sem o maravilhoso um poema não passa de história posta em versos, ou de uma história alterada sem motivos – afinal, qual seria o motivo para substituir as causas e circunstâncias naturais e verdadeiras de um acontecimento por outras, igualmente plausíveis mas falsas? Outros argumentam que dentro a fatos conhecidos e conhecíveis, milagres falsos se mostram inevitavelmente heterogêneos, como no fundo são. Reconheço que ambos os argumentos são válidos, mas bons para impedir e não para auxiliar, de modo que a epopeia histórica poderia dizer ao maravilhoso, como fez Marcial a um homem de humor variável: "Não posso viver contigo, nem sem ti"[80].

Dezoito séculos depois, a epopeia histórica ainda se encontra no mesmo ponto de seus primeiros passos, onde duas estradas divergem: e eliminação do maravilhoso, como em Lucano, ou sua intromissão à força, como em Silio Italico. Contudo – vale a pena repeti-lo – quem fosse poeta podia, seguindo este ou aquele caminho, dar provas acidentais de seu valor. Foi assim com Voltaire, que em seu poema introduziu o maravilhoso, ou mais precisamente dois tipos de

---

[80] "Nec tecum possum vivere, nec sine te", Marcial, "In habentem varios mores" (livro 12, epigrama 40).

maravilhoso: o cristão e o alegórico. Contudo, por mais embelecidos por imagens vivas e decorosas, bem como por enunciados nobres e elegantes – desde que corretos –, tudo expresso em versos quase sempre belos, quando não belíssimos, o efeito destes dois maravilhosos é a meu ver lânguido e sofrido, e não creio ser o único desta opinião. Parecem pessoas desconhecidas e indiferentes que precisam de um convite toda vez que desejamos fazê-los entrar.

Parece-me ver uma contradição em Voltaire, que como poeta se valeu do maravilhoso e como crítico opinou que este não era necessário. Contradição pouco incomum, pois nas questões que oferecem duas opiniões prováveis ao contrário de uma certeza pode facilmente ocorrer que a um mesmo homem agrade ora uma, ora outra. "Virgílio e Homero", diz Voltaire, "fizeram muito bem ao colocar em cena as divindades. Lucano fez igualmente bem a não se servir delas. Júpiter, Juno, Marte e Vênus eram ornamentos necessários à ação de Enéas e de Agamenon. Pouco se sabia a respeito daqueles heróis das fábulas... Mas César, Pompeu, Catão e Labieno viviam em tempos bem diferentes daqueles de Enéas".

Mas e quanto a Henrique IV, Mayenne, Potier e Mornay?[81]

"As guerras civis de Roma", acrescenta, "eram uma coisa séria demais para estes jogos da imaginação".

E quanto às guerras civis da França?

Estas palavras aplicadas por Voltaire às divindades mitológicas não seriam oportunas também ao sobrenatural cristão? Minha resposta é que, quando este sobrenatural não é revelado por

---

[81]   [N.d.T.:] Charles de Lorena, duque de Mayenne; Louis Potier de Gesvres; Philippe de Mornay Duplessis. Políticos franceses contemporâneos de Henrique II e personagens do *La Henriade* de Voltaire.

Deus mas inventado por um poeta, estas palavras são igualmente adequadas.

Ainda mais notável, em outro aspecto, é o que Voltaire afirma um pouco depois:

"Aqueles que tomam os primórdios de uma arte pelos princípios da mesma estão convencidos de que um poema não pode existir sem deuses, pois a Ilíada é repleta deles. Mas estas divindades são tão pouco essenciais ao poema que o mais belo trecho da Pharsalia, e talvez de qualquer outro poema, é o discurso pelo qual Catão, aquele estóico odiador de fábulas, se recusa com desdém de visitar o templo de Júpiter Amon".[82]

Todos podem entender o que implica este raciocínio: coisas belíssimas podiam ser ditas em desprezo ao politeísmo, e portanto a epopéia pode certamente existir sem o maravilhoso. Mas o que quero ressaltar em detalhe é que Voltaire não apenas considerava a epopeia histórica apenas uma continuação da epopeia primitiva e essencialmente mítica, o que era a opinião comum da época, mas seu progresso. Como se aquilo que desejava ser história, e que de fato era entendido como história, e aquilo que, sem obter nem pedir a crença de ser verdadeiro, fossem a mesma arte, apenas porque uma havia imitado as formas exteriores da primeira. Ao contrário, um gênero que tendo iniciado sem princípios os descobre após mudar sua intenção e seu efeito é um gênero novo, mesmo que mantenha algumas das formas exteriores iniciais. E nem sempre o que vem depois é um progresso do que vinha antes.

---

[82] Voltaire, *Essai sur la poésie épique*, capítulo 4.

Há uma outra espécie de epopeia que a princípio poderia acomodar o sobrenatural, ou seja aquela cujos temas são tomados da história sagrada. Mas justamente este fato deveria demonstrar como estas também se submetem ao mesmo inconveniente das outras, mesmo que de uma maneira diversa. São novas feituras de uma história, e da história em seu sentido mais estrito, menos manipulável. Não é o sobrenatural que se intromete no tema, mas a invenção que se intromete no sobrenatural. Ouso dizer que um instinto respeitoso e altamente racional nos adverte de que, nas manifestações extraordinárias da vontade e da potência divina, a mente humana não consegue encontrar um regra do verossímil, assim como encontra no curso natural das coisas e nas determinações da vontade humana. Os trechos admiráveis que se encontram no Paraíso Perdido, cujo talento poético se faz notar quase incessantemente, conseguem apenas produzir o efeito de uma interpolação constante com a história sagrada. Mesmo o Messiah[83] possui méritos nada vulgares, em especial aquela frequente união do tenro e do sublime capaz de produzir uma comoção geral e de muito prazer. Mas seu tema é tão inesgotavelmente sugestivo quanto é resiste a acréscimos poéticos.

Isto encerra minhas breves observações sobre a epopeia, antes de passarmos à tragédia, sobre a qual tenho ainda menos a dizer. Entende-se que falarei apenas da tragédia histórica, na medida em que

---

[83] [N.d.T.: O *Messiah*, épica religiosa de Friedrich Gottlieb Klopstock publicada repetidas vezes entre 1748 e 1773. Guise, apud Bermann, resume a gênese da obra: como Milton havia descrito a queda do homem, Klopstock decidira narrar sua redenção, sendo louvado por Mme. De Staël por ter "dado à simplicidade do Evangelho um charme poético que não alterava sua pureza". Manzoni, como se pode notar (e, acrescenta o autor, "talvez com razão"), não compartilhava desta opinião.

se qualifica como histórica.

Os inconvenientes que surgem na tragédia por via da história diferem em modo e grau daqueles encontrados na epopeia, em função de uma diferença essencial na forma dos dois gêneros. Ao contrário da epopeia que usa a narração, a tragédia não emprega o mesmo instrumento para a história e para a invenção. A palavra da tragédia não possui uma finalidade direta além do verossímil. Os discursos que Shakespeare, Corneille, Voltaire e Alfieri colocam em boca a César são de feitura unicamente poética; as ações que Lucano narra de César podem ser ou inventadas ou verdadeiras. Assim, no poema a palavra pode produzir um efeito ora poético, ora histórico (ou, não conseguindo produzir nenhum destes, se torna ambígua). Na tragédia é sempre a poesia a falar, a história ficando materialmente do lado de fora: se relaciona com a obra, mas não é parte desta[84].

---

[84] Para prevenir uma pequena objeção, devo reconhecer que palavras históricas são colocadas na boca de uma ou mais personagens em algumas tragédias, como por exemplo o "Tu quoque, Brute?" de César. Mas se trata de um problema raro e, sobretudo, evitável. Chamei-o de "problema" porque o efeito de tais palavras é divergir a mente do mero verossímil ao real. Sei que alguns podem considerar uma vantagem, uma ocasião imperdível, este fazer pronunciar por uma personagem aquilo que o homem realmente disse. Mas não entendo como alguém possa considerar a poesia uma arte eficaz e potente, ao mesmo tempo em que considera que derive sua força de algo que produz um efeito contrário a seu próprio. Além do mais, este problema não poderia ser evitado no caso citado ou em outros cujas palavras históricas sejam famosas, pois omitindo-as o poeta não impediria que o espectador se lembrasse delas; o César real da história inevitavelmente se colocaria entre o César do poeta e o espectador, como o Sósia de Plauto frente a Mercúrio. Mas nos casos de que estamos tratando seria o mortal a prevalecer. Praefulgebant eo ipso quod non visebantur. [Destacavam-se justamente por não serem visíveis, Tácito, Anais, III.76). E o que isto significa? Que a história pode querer se intrometer em campo exclusivo da poesia quando a poesia se faz histórica. A história registra muito mais fatos que palavras e portanto é muito mais fácil evitar a história fazendo as personagens históricas falar ao invés de agir. Mas estas

Além disto, a representação teatral da tragédia aumenta consideravelmente a eficácia da palavra, acrescentando-lhe a pessoa e a ação. É relevante lembrar – mas também digno de observação por si próprio – que, devido à percepção de sua realidade, estes elementos apresentados aos sentidos não apenas não perturbam o efeito da verossimilhança pura desejado pela arte, com confirmam e reforçam o mesmo. A razão é que estas coisas reais agem como meros veículos para a ação verossímil, e assim são percebidos pelo espectador. De fato, se um ator fizesse ou dissesse algo durante uma peça em referência à sua personalidade real ou às circunstâncias reais da mesma, ofenderia o espectador por forçá-lo a considerar aquela realidade. E o que nos sugere este perceber e este ofender-se, se não que tais realidades eram antes deliberadamente abstraídas? Disso vem que quanto mais um ator pareça agir naturalmente e quanto mais comova, mais a mente do espectador se concentra no meramente verossímil; quanto mais o ator consegue apresentar o homem da fábula, o homem castigado pelos infortúnios, perturbado pela paixão ou ameaçado por um perigo que desconheça, mais o ator se subtrai, por assim dizer, cancela sua própria e real personalidade. É o mais alto elogio que um ator possa receber e é o que se entendia ao dizer, por exemplo, que Garrick era Hamlet ou que Lekain era Orosmane[85]. Não é a realidade do palco – efetiva, mas regrada pelo verossímil e subordinada ao mesmo – aquela que pode perturbar este efeito. É a

---

poucas palavras têm o mesmo direito que os fatos a um lugar, e a mesma força para tomá-lo.

[85] [N.d.T.: David Garrick (1717-79) foi o mais celebrado ator inglês do Setecentos, especializado nas obras de Shakespeare e principalmente em *Hamlet*. Henri-Louis Lekain (1728-78), famoso ator francês, conhecido principalmente por sua interpretação de Orosmane em *Zaïre* de Voltaire.

realidade histórica, independente do verossímil e da qual o verossímil depende; é a realidade histórica, conhecida ou simplesmente conhecível, que apesar de ausente dos sentidos permeia o tema.

As vantagens essenciais da tragédia - o principal que é sua forma dialógica, o secundário mas importante que é a encenação e outros ainda que não cabe lembrar agora – permitem que esta se ampare melhor que a epopéia da força da história.

Disse "se ampare", mas deveria ter acrescentado "ainda assim mantendo-se vulnerável", pois mesmo do lado de fora a história é capaz de se fazer ouvir e de impor suas demandas. A relação extrínseca mas essencial que a tragédia histórica mantém com a história, com a decorrente obrigação de encontrar formas verossímeis para os temas históricos, levaria ao surgimento, como de fato levou, dos mesmos inconvenientes que afetaram a epopeia. Inconvenientes menos frequentes e menos explícitos, reconheço, mas igualmente crescentes com o passar do tempo. Nada é capaz de esclarecer este ponto melhor do que os esforços de um grande tragediógrafo ao livrar-se deles.

"A questão", dizia Pierre Corneille, "de ser legítimo ou menos alterar temas da fábula ou da história parece ter sido decidida em termos bastante formais por Aristóteles, quando ele diz que os temas recebidos não devem ser alterados e que, portanto, Clitemnestra deve ser morta por Orestes e Erífilis por Alcmene. Contudo, esta regra admite algumas distinções e ressalvas. As circunstâncias - ou, se preferirem, os meios para alcançar o fato - permanecem certamente em nosso arbítrio: geralmente a história não as fornece, ou fornece tão pouco das mesmas que algo deve ser acrescentado para completar a obra. Pode-se mesmo presumir que um espectador que tenha lido de antemão a respeito das circunstâncias não as lembrará tão claramente para perceber as mudanças e acusar-nos de mentirosos, como faria sem dúvida se visse alterada a ação principal"[86].

Entende-se assim que, enquanto a tragédia antiga era construída sobre os conhecimentos que o espectador tinha do tema, a moderna se vê obrigada a fiar-se no esquecimento.

Uma premissa infeliz, pois não me parece que ter medo do conhecimento seja um bom sinal para qualquer arte. E uma premissa não apenas errada, mas precária, pois um espectador que houvesse esquecido as circunstâncias históricas do tema – o que lhe teria permitido apreciar sem incômodos as invenções poéticas na estréia – deixasse o teatro com um interesse renovado pelo tema e decidisse refrescar a memória no livro onde havia aprendido tais circunstâncias, na segunda noite já não seria mais aquele esquecido conveniente ao poeta. Por fim, trata-se de uma premissa sobre a qual Corneille se contradiz, pois se as circunstâncias permanecem no arbítrio do poeta, de que importa o espectador se lembrar ou menos daquelas relativas à história? Que sentido haveria? No "Exame" que acrescentou às suas obras, o próprio Corneille discute mais de uma vez as alterações que fez à história e, para justificá-las ou talvez para se acusar candidamente, revela cada uma, roubando assim da tragédia histórica aquela sua pobre muleta do esquecimento que ele próprio entregara. Doar muletas deste tipo a uma arte é confessar que esta é manca, e para alguém como Pierre Corneille se dispor a isto é um indício terrível que já não como deixá-la de pé.

---

[86]   Pierre Corneille, *Second discours sur l'art dramatique*.

Mas por que ele precisou buscar distinções para uma regra tão simples e ressalvas para uma regra tão moderada? Porque a regra se referia a uma coisa e Corneille, seguindo um costume já difuso, a aplicava a uma outra coisa, bem diferente. Aristóteles falava de "fábulas conhecidas" e dizia que não deviam ser alteradas[87], enquanto Corneille falava de temas obtidos indistintamente da história e da fábula, como se estas fossem uma coisa só. Ora, a regra não precisaria nem de distinções nem de ressalvas quando aplicada às fábulas conhecidas, pois estas impunham ao poeta apenas a ação principal: Clitemnestra assassinada por Orestes, Erifilis por Alcmene. Os meios e as circunstâncias realmente permaneciam no arbítrio dos poetas. A história, ao contrário, junto ao temas também fornece os relativos meios e circunstâncias, que talvez não se acomodem facilmente aos propósitos da arte. É assim necessário mudá-los, ou seja é necessário alterar os temas nos quais estão, por assim dizer, ensimesmados. É verdade que se a história não os fornece, deixa o anseio pelas mesmas, mas isto não significa que um desejo deste tipo possa ser satisfeito por

---

[87] "Acceptas quidem igitur fabulas (mythous) solvere non licet. Dico autem, seu Clytaemnestram necatam ab Oreste, et Eriphylen ab Alcmaone" ["Não deve portanto o autor destruir as fábulas recebidas – o fato, por exemplo, que Clitemnestra seja assassinada por Orestes e Erifiles por Alcmaon"]. Com o tempo a palavra *mythos* passou a significar também a forma particular dada à ação por um poeta; é neste sentido que Aristóteles não apenas a usa, mas a define: "Este autem actionis quidem imitatio fabula: appello enim fabulam hanc compositionem rerum" ["Assim, o enredo é a imitação da ação: por Enredo entendo a disposição das coisas"]. No trecho citado acima, contudo, ele não pode se referir a nada além dos mitos no sentido próprio e primitivo do vocábulo. Afinal, como se poderia entender que Aristóteles prescrevesse ao poeta respeitar as muitas e diversas composições de outros poetas? Esta interpretação é contrária à ideia em si e aos exemplos escolhidos por Aristóteles, que não são exemplos de composições mas simples temas mitológicos, como é contrário à continuação do texto que será citada adiante.

meio da invenção poética.

"O exemplo da morte de Clitemnestra", acrescenta Corneille, "serve de prova à minha argumentação. Tanto Sófocles quanto Eurípedes trataram deste tema, mas com complicações e desenlaces diferentes. Estas diferenças distinguem seus dramas, apesar de existir um único tema cuja ação principal foi mantida pelos autores".

E para fazê-lo, precisaram por acaso de ressalvas à regra? De modo algum; ao contrário, a seguiram à risca, ambos fazendo com que Clitemnestra morresse por mão de Orestes, pois era só o que a regra exigia. Talvez eles tenham antecipado uma regra indicada pelas necessidades práticas da arte, antes que Aristóteles a promulgasse. Este privilégio de cada poeta poder inventar, sem obstáculos, complicações e desenlaces próprios derivava de uma concorrência feita apenas de outras complicações e outros desenlaces. Tratava-se de poetas contra poetas, verossímeis contra verossímeis, limitados apenas por ações e personagens tão estimulantes para a invenção quanto estéreis de circunstâncias históricas. Inventar novas circunstâncias não era uma licença da poesia, mas sua realização. O próprio Aristóteles reconhece que é necessário inventá-las, pois logo acrescenta "Cabe ao poeta inventar, e fazer bom uso das fábulas conhecidas"[88]. Apresenta como consequência natural da regra aquilo que Corneille solicitava como ressalva. É em essência a mesma regra que Horácio expressaria depois com aquelas palavras "famam sequere"[89].

---

[88] "Ipsum autem invenire opportet, et traditis uti recte" (Aristóteles, *Poética*, capítulo 4).

[89] Uma outra objeção possível, e que não pode ser escondida. Encontramos tragédias históricas mesmo no teatro grego, e desde o início, como *Os persas* de Ésquilo. Não vou ficar aqui discutindo se esta obra deva ser

Além do mais, nem as ressalvas de Corneille nem suas sempre admiráveis obras-primas puderam defender a tragédia de suas perpétuas alterações, ou construir-lhe uma forma estável e definitiva no tocante a seu relacionamento com a história.

Por sorte, meu paciente leitor, não é necessário rever todas estas alterações, nem mesmo de pressa, como fizemos com aquelas da

considerada uma tragédia, pois o mesmo poderia ser discutido com relação a todas as obras do autor, cujos temas são tomados dos tempos heróicos. Direi, contudo, que a tragédia grega não continuou por este caminho. As peças de Sófocles e Eurípides, bem como as muitas outras de que fala Aristóteles na *Poética*, são todas compostas sobre temas mitológicos. Se o teatro grego tivesse se tornado histórico, teria naturalmente seguido pelo mesmo caminho tomado pelos teatros modernos, e teria sido bem difícil para Aristóteles encontrar-lhe suas regras, se tivesse tido disposição para tanto.

O teatro latino também teve tragédias históricas, com temas romanos, e portanto chamadas de *praetexta*: apesar destas não terem surgido logo no início, ou seja com Lívio Andrônico, Névio ou Ênio, não demoraram: entre as tragédias de Pacúvio, das quais nos restam os títulos e alguns fragmentos, há um *Paolus* (Emilius) e entre as de Ázzio um *Brutus* e um *Decius*. Horácio geralmente louva este tipo de tragédia, como uma tentativa de independência literária:

Nil intemptatum nostri liquere poetae;
nec minimum meruere decus vestigia Graeca
ausi deserere, et celebrare domestica facta,
vel qui praetextas, vel qui docuere togatas. [Nossos poetas não deixaram de experimentar nenhum estilo, e mereceram não pouca glória por ter ousado abandonar as pegadas gregas e celebrar os acontecimentos da pátria, seja aqueles que compuseram *praetextas*, seja aqueles que compuseram *togatas*.] (*Ars poetica*, 285-89).

Mas o fato que ele não forneça nenhum preceito para este tipo de composição, somente citando sua existência, nos leva a crer que não fosse muito cultivada; assim como seu constante retorno à poesia de temas gregos indica sua prevalência. Outro indício é que das épocas anteriores é que Pacúvio tem uma única tragédia histórica e Ázzio apenas duas, contra respectivamente dezessete e mais de cinquenta de temas mitológicos gregos. Quintiliano nem mesmo menciona as *praetextas* naquele seu breve resumo dos principais gêneros poéticos e dos principais poetas (*Institutes*, 10.1). Nenhuma destas chegou a nós, o que é uma desgraça (em termos literários, evidentemente); afinal, não podemos formar uma ideia a respeito a partir da *Octavia* ou de qualquer outra peça de Sêneca, por serem epopeia. Aqui, é suficiente lembrar a situação corrente e suas causas próximas. Quanto ao tempo intermediário entre a tragédia antiga e a moderna, quero lembrar apenas uma variação extrínseca, que apesar de muito significante nem mesmo tocava a essência da tragédia. Em meados do século passado, não sei qual ator ou atriz francês introduziu uma reforma geral no figurino das tragédias, deixando em conformidade com os costumes da época que a ação representava. Antes, o mesmo figurino dependia em parte da moda corrente, em parte dos caprichos dos atores e em parte de hábitos de origens similares; dispunha-se, ao máximo, de um ou outro sinal característico e emprestado pela história. Voltaire, não recordo exatamente onde, descreve um ator da época de Luís XIV que para representar o Augusto de "Cinna"[90] subia ao palco usando uma grande peruca, e sobre esta um largo chapéu decorado com longas penas entrelaçadas com folhas de louro, todo o resto demonstrando o mesmo gosto. O que isto sugere? Que aqueles espectadores estavam mais dispostos do que aqueles de épocas seguintes a ver no ator o Augusto do poeta, o Augusto verossímil, sem preocupar-se muito com o Augusto da história. A intromissão desta última nos bastidores para comandar os atores, ministros nascidos da poesia, e obrigá-los a vestir suas peças era um sinal de seu avanço no campo da tragédia, e um indício do espaço ainda mais amplo que desejava conquistar.

De fato, a história não demorou muito em motivar a revolução dramática que hoje sabemos vitoriosa. Havia na época uma opinião quase unânime entre os doutos e as pessoas cultas da Europa de que a

---

obras de outra época e de bem diferentes gostos.
[90] [N.d.T.: *Cinna*, tragéda de Pierre Corneille.]

tragédia verdadeira, a boa tragédia, a tragédia capaz de satisfazer o bom gosto e ser admitida pelo bom senso fosse aquela na qual se mantivessem as chamadas "unidades" de tempo e lugar. Unidades que se dizia haviam sido proclamadas por Aristóteles, que eram observadas fielmente pelas tragédias gregas e que sobretudo eram exigidas pela razão. Quase ninguém perguntava se Aristóteles realmente tivesse proposto tais unidades, se nas tragédias gregas realmente tivessem sido observadas e se a razão não tivesse nada em contrário a dizer; e quem o perguntasse se mandava calar a boca[91]. É inútil mostrar como

---

[91] Quem dera tivessem sido atribuídas a um outro qualquer! Mas imaginar que Aristóteles, que ensina tão aberta e repetidamente que o universal, o verossímil, é a matéria-prima da poesia, opondo-a à história, cuja matéria-prima é o particular, o real, pudesse tomar por medida e critério do verossímil a realidade material do espetáculo, as circunstâncias reais do espectador! Era como fazer dizer a um mestre de perspectiva que um panorama, para ser verossímil, deve representar unicamente os objetos que de fato caberiam nas dimensões do quadro. E por ele dizer (*Poética*, capítulo 2) que "a tragédia se esforça para limitar-se a um só ciclo solar, ou a variar pouco esta medida" (prática que estava perfeitamente de acordo com a natureza dos temas mitológicos), acreditar que com isso buscasse estabelecer formalmente um limite para o tempo ideal de representação! Logo ele que, na mesma *Poética*, ao falar do comprimento da fábula afirma claramente que um limite deste tipo não pode ser estabelecido *a priori*! Após dizer que o comprimento material do drama não é algo que tenha relação com a arte, ao discorrer sobre a duração ideal, ele diz: "Quanto à natureza da coisa, um comprimento maior é mais belo, desde que não seja tanto que faça perder a clareza do conjunto. Para dizer mais brevemente, a duração conveniente é aquela necessária para fazer com que, com o suceder-se das coisas, de acordo com o verossímil ou com o necessário, se passe da infelicidade à felicidade, ou o contrário." ("Terminus autem rei ex ipsius natura, semper quidem qui maior est, dummodo maneat intra eos fines ut una totus perspicuus sit, pulchrior est. Ut autem simpliciter, re definita, dicamus, in quanta magnitudine, secundum verisimile, vel necessarium, deinceps nascentibus rebus, contingit in res secundas ex adversis, vel ex rebus secundis in adversas mutari, idoneus terminus est magnitudinis") (capítulo 5). E como é sempre útil conhecer a origem de erros que estiveram tão em moda, em qualquer campo, acrescento que o verdadeiro autor do preceito das duas famosas unidades foi, ao que parece, Lodovico Castelvetro. Em introdução aos trechos aqui apresentados, este

estas regras não conviessem em nada à história. Além disso, as tentativas que a história fizera até então, e continuava a fazer, de ocupar um maior espaço na tragédia, haviam sim provocado uma mudança: mesmo desfigurando-se, a tragédia fazia o possível para satisfazer a história, resguardado o respeito às unidades. É verdade que se falava de um tal Shakespeare que, ou por ignorar as unidades

crítico, em seu famoso comentário sobre a *Poética* de Aristóteles, não apenas toma por preceito geral a menção de um fato particular, mas acrescenta por conta própria o que era necessário para torná-lo uma regra, para dar-lhe uma lógica. Trata-se daquela lógica tão antipoética, tão antifilosófica e tão antiaristotélica da verossimilhança relativa ao espetáculo e ao espectador: lógica que seria depois sempre apresentada como o princípio fundamental por trás da regra. Além disso, Castelvetro critica Aristóteles por não tê-la aplicado rigorosamente, já que não a conhecia profundamente: o que é a plena verdade. Sobre esta mesma lógica ele sustenta outra unidade, a de lugar, que da *Poética* de Aristóteles não poderia ter sido derivada de nenhuma maneira. Transcrevo aqui suas palavras, em sua rudeza original, pedido desculpas ao leitor: "A épica, narrando apenas por meio das palavras, pode relatar um uma ação ocorrida durante muitos anos, e em diversos lugares, sem qualquer desvantagem, com as palavras apresentando às nossas mentes as distâncias de tempo e espaço: coisa que não pode ser feita pela tragédia, à qual convém ter por tema uma ação ocorrida em curto espaço de lugar e em curto espaço de tempo, ou seja onde e quando os representadores são ocupados pela representação, e não em outros lugares ou outros tempos. Assim como o espaço do palco é restrito, é curto o tempo durante o qual os espectadores se sentem à vontade sentados em um teatro: o qual não imagino que possa superar um ciclo solar, como diz Aristóteles, ou seja doze horas. Isto em função das necessidades corporais, quais comer, beber, depor os supérfluos pesos do ventre e da bexiga, dormir e outras, que limitam a estada no público no teatro. Nem seria possível fazê-los acreditar que vários dias e noites tenham se passado, quando sabem que apenas algumas horas transcorreram, pois o engano seria sempre reconhecido pelos sentidos" (*Poetica di Aristotele, volgarizzata e esposta per L. Castelvetro*, Basiléia: 1576; p. 109). Além disto, ao comentar o segundo trecho ele rejeita a lógica aristotélica quanto à duração especial e relativa das diferentes fábulas; chamando a atenção de seu autor em função de sua grande lógica da verossimilhança relativa ao espetáculo e ao espectador. Transcrevo aqui também: "Aristóteles entendia que o enredo das tragédias geralmente se encerravam ao final da peripatéia, e que as coisas que haviam acontecido e que estavam contidas na fábula não ultrapassavam o limite de um ciclo ou por não saber que existissem, conseguira produzir obras que não fossem de se jogar fora. Mas falava-se dele como de gênio selvagem, de uma mente excêntrica com admiráveis intervalos de lucidez: uma espécie de montanha árida e íngreme onde um botânico, escalando por entre rochas nuas, podia encontrar algumas flores incomuns. Ademais, o que se citava daquele poeta grande e quase único eram retiradas de seus dramas nos quais a história pouco ou em nada

---

solar pelo hemisfério, isto é, doze horas; não compreendendo o verdadeiro motivo para este limite das ações reunidas na fábula, ele imaginou que fosse pela capacidade da memórias os espectadores, como se pudessem esquecer das primeiras partes da fábula, se contivesse uma ação de muitos dias, quando ouvissem e vissem as últimas partes... Este limite não era imposto pela fragilidade da memória, mas pelas razões que já apontamos da representação em si e do conforto dos espectadores, pois se esta ocupasse tanto tempo quanto a ação verdadeira o público seria incapaz de permanecer no teatro por mais de doze horas sem intolerável desconforto" (ibidem, p. 170-171). E acusavam Castelvetro de ser sutil demais! Mas certamente era perspicaz, pois a opinião que introduzi e deixou no mundo literário faria com que não apenas críticos, mas também poetas – e entre estes alguns grandes poetas – tivessem a visão embaçada quanto a este fator por várias gerações, que a poesia é poesia, que é uma arte, e que por conseqüência os instrumentos de que se dispõe para concretizá-la ou não são adequados e devem ser recusados ou são adequados, o que significa que o autor pode se abstrair de tudo que haja de heterogêneo aos propósitos da arte. Admitir que a tragédia (uma ação verosímil) pode ser representada é admitir que a realidade factual das coisas que tornam a representação possível não pode e não deve contar mais do que a qualidade real do verde metálico conta no verde da pintura de uma árvore. Dizer que a tragédia se torna falsa se a representação não concorda com as circunstâncias reais do espectador é como dizer que uma pintura que represente um campo coberto de neve se torne falsa para alguém que a contemple durante o verão. Tanto na pintura como na poesia, não se trata de uma questão de *fazer alguém acreditar* (uma expressão tola neste âmbito), mas de representar os verossímeis, ou seja, as verdades ideais. Por fim, quanto a estes preceitos terem sido fielmente observados nas tragédias gregas ou menos, Corneille, em seus *Discursos* acima citados, apresentou algumas provas em sentido contrário, e muitas mais foram levantadas por Metastasio em suas *Observações* sobre aquelas tragédias; apesar disto, por um longo tempo a observação destes preceitos nas tragédias gregas foi considerado um *fato*.

figurava. Mas de repente na Alemanha surge outro poeta destes, chamado Goethe, que ao tomar o caminho do drama histórico traçado pelo primeiro gênio selvagem, e tomando-o – como acontece com as grandes mentes – sem intenção e sem medo de imitar, já em seus primeiros passos impõe à sua nação a substituição da razão das unidades por aquela da história. Mas na França, há muito orgulhosa que haviam seguido o outro caminho, e na Itália, também orgulhosa de um poeta recente, era diferente. "Mas como!?", diziam, "as regras às quais se submeteram um Corneille, um Racine, um Voltaire, um Alfieri, sem falar nos autores de 'Merope' e de 'Aristodemo'[92], são agora ditas um freio incômodo ao engenho, um obstáculo à perfeição! O campo onde colocaram em prática seus grandes exemplos subitamente tornou-se limitado!". Propor a abolição daquelas regras parecia ou uma temeridade intolerável, ou uma tolice lamentável. Mas para que a história fizesse aquela incursão no território da tragédia que se havia proposto, era necessário que derrubasse aquele baluarte, como fez. É assim na França, e mesmo na Itália, pelo que entendo, um espectador não sofre nem se ofende se, durante uma tragédia, assiste ao final de uma cena e ao início da seguinte ou se, durante aquelas três ou quatro horas de espetáculo, o poeta se propõe de apresentar algo além daquele bendito ciclo do Sol que Aristóteles mencionara tão inocentemente.

Vemos assim como algo que havia sido reprimido passa a coagir quando finalmente consegue revelar-se. Até então, os temas que pareciam mais oportunos à tragédia eram aqueles menos

---

[92] [N.d.T.: Manzoni se refere a Scipio Maffei (1675-1755), autor de *Merope* (1713), obra de grande sucesso e amplamente traduzida, e a seu amigo Vincenzo Monti (1754-1828), autor de *Aristodemus*.

particularizados na história, pois deixavam mais espaço à invenção. Se a história se cala, dizia o poeta, melhor: falarei eu. Agora, ao contrário, são os poetas que, quando os livros de história não fornecem os detalhes, vão a buscá-los em outros documentos, de qualquer gênero, com o objetivo de enriquecer o tema ao invés de formá-lo. Se alegram quando conseguem produzir uma ideia mais completa do acontecimento histórico que decidiram representar, e se alegram ainda mais quando conseguem produzir um conceito novo, diferente da opinião comum[93]. É exatamente o contrário do "famam sequere", mas como poderia ser de outra forma? É uma pretensão contraditória demais querer que a poesia, para ser eficaz, siga e confirme as cognições de seu tempo, ou que mesmo antecipe as tendências da razão, sem obrigar-se a respeitá-las para aumentar sua liberdade.

Exposta a situação, não me resta que fazer algumas perguntas.

Alguém acredita que a tragédia possa voltar a suas antigas fronteiras, trocando segredos com a história como fez por tanto tempo? Ou alguém acredita que com a expansão das fronteiras se tenha finalmente encontrado a medida certa do espaço que a história deva ter na tragédia, e portanto os procedimentos corretos para misturar realidade e invenção? E se ninguém acredita nisso, há motivos para acreditarmos que esta medida e estes procedimentos serão encontrados no futuro?

Deixo ao leitor a resposta e as conclusões.

Chegando finalmente à comparação entre os propósitos da epopeia e da tragédia, por um lado, e aquela do romance histórico, por

---

[93] [N.d.T.: Como lembra Bermann, é um comportamento que encontramos no próprio Manzoni autor de tragédias históricas e, acrescentaríamos, mesmo no Manzoni romancista.]

outro, é fácil entender qual seja a diferença essencial. O romance histórico não obtém seu tema principal da história para transformá-lo com intenções poéticas, mas inventa seu tema exatamente como o gênero do qual tomou o nome, o romance, e do qual é uma nova forma. Me refiro aos romances nos quais as ações contemporâneas são inventadas: obras em tudo poéticas, pois nelas ações e palavras são todas meramente verossímeis. Mas são poéticos, cabe lembrarmos, naquela forma de pobre poesia que se pode obter do colocar em prosa o verossímil de ações e costumes privados e modernos. Não quero certamente me juntar àqueles que lamentam, ou que talvez lamentavam (pois já deveriam ter parado a esta altura), aquelas épocas tão poéticas do paganismo, aquelas lindas ilusões perdidas para sempre. O que nos diferencia dos homens daquelas épocas é sermos dotados de uma crítica histórica que busca a verdade positiva nos acontecimentos passados, e, o que é ainda mais relevante, termos uma religião que, por ser verdade, não pode se adaptar convenientemente a alterações arbitrárias e elaborações fantasiosas. Devemos por acaso nos lamentarmos quanto a isto?

Voltando àquela diferença essencial, o romance histórico não é aquela ficção grosseira que consiste de estufar de fábulas um acontecimento verdadeiro, e ainda por cima um acontecimento ilustre e em consequência necessariamente importante, como é o caso da epopéia e da tragédia – o respeito que devemos àqueles homens famosos que se entregaram para criá-las não pode nos impedir de analisar os gêneros em si. No romance histórico, o tema principal é todo do autor, é todo poético, porque é meramente verossímil. Tanto a intenção quanto os esforços do autor são, na medida do possível, orientados à criação de um tema e de ações tão verossímeis com relação à época representada que teriam sido julgados como prováveis mesmo para as pessoas daquela mesma época, caso o romance tivesse sido escrito para eles.

Mas – e se trata do inconveniente comum ao romance histórico e a todas as espécies de poesia que inventam um tempo passado – é escrito para outras pessoas. Aceitemos, ainda assim, que o autor tenha conseguido compor uma narração que os homens daquela época teriam tomado por verossímil. Este efeito derivaria da comparação espontânea e imediata entre as noções gerais idealizadas pelo autor e o real que estas pessoas conheceriam graças à experiência. Contudo, para produzir este efeito em pessoas de outra época o autor se vê obrigado a tentar fornecer esta experiência por meio da informação, como se, por assim dizer, coloca-se em uma mesma obra o original e o retrato. Não há uma comparação direta entre o verdadeiro e o verossímil, o que é sem dúvida uma grande vantagem apesar de igualmente haver ou uma confusão entre os dois, ou uma distinção explícita entre os mesmos. De fato, com talvez tenha sido demonstrado excessivamente na primeira parte deste ensaio, é inevitável que se encontre, em proporções variabilíssimas, tanto a confusão quanto a distinção.

Não surpreende portanto que, enquanto se mantinha a persuasão de que história e invenção pudessem conviver, tenha vindo a um homem de talento excepcional a ideia de combiná-las em uma forma nova e mais apropriada, permitindo um recurso maior a materiais históricos. É ainda menos surpreendente que, executada por um talento tão imaginativo, observador, fértil e perspicaz, a proposta tenha produzido no público de todos os países cultos aquele efeito extraordinário com o qual estamos todos familiarizados.

Mas esta vantagem será suficiente para garantir ao romance histórico uma vida longa?

Não se trata de uma pergunta que agrade seus amantes. Às vezes, as correções a algum abuso têm menos vitalidade que o próprio abuso; e não existe um lugar menos apropriado para o erro, onde menos possa se manter, que nas proximidades da verdade. Não podemos negar que foi justamente um disfarce de a história que favoreceu o romance histórico em seu início, um disfarce que não poderia durar muito tempo. Quantas vezes se disse, e mesmo se escreveu, que os romances de Walter Scott eram mais verdadeiros que a história! Era aquele tipo de palavra que nos escapa durante um entusiasmo inicial, mas que não podem ser repetidas depois de refletirmos. Afinal, se por "história" se indicavam aqueles livros assim intitulados, este comentário não acrescentava nada; se por "história" se entendia a cognição possível de acontecimentos e hábitos, o comentário era claramente falso. Para se convencer imediatamente disto, bastaria – mas não é o tipo de coisa em que se pense nessas horas – perguntar-se se as ideias dos vários romances de Walter Scott poderiam ser mais verdadeiras do aquelas nas quais ele as fundamentara. Era uma ideia mais ampla, ao custo de ser menos histórica. Uma outra verdade havia sido acrescentada, mas de natureza diversa; justamente por isso a ideia final não poderia ser mais verdadeira. Um mesmo homem pode ser sem confusões um grande poeta e um grande historiador, mas não na mesma obra. De fato, aquelas duas críticas opostas que nos forneceram os argumentos para esta análise do romance histórico já haviam sido apresentadas no início e no auge do gênero, como os germes que provocariam as doenças mortais em um recém-nascido de aspecto saudável.

Afinal, o romance histórico continua igualmente popular? Existe a mesma vontade de escrever romances históricos, e a mesma vontade de ler aqueles que já foram escritos? Não sei responder, mas imagino que, se este ensaio tivesse sido difundido trinta anos atrás, quando o mundo esperava ansiosamente e devorava avidamente os romances de Walter Scott, teria sido julgado como extravagante e temerário em função de sua opinião sobre o romance histórico. Hoje, se alguém tiver a bondade de se ocupar dele e lhe atribuir os mesmos adjetivos, será por motivos bem diferentes. E trinta anos não deveriam ser nada para forma de arte destinada a viver.

Referências bibliográficas

GANERI, Margherita. *Il romanzo storico in Italia*. Lecce (Itália): Piero Manni, 1999.

LUKÁCS, Gyorgy. *The Historical Novel*. Tradução de Stanley Mitchell. Lincoln (Estados Unidos): University of Nebraska Press, 1983.

MANZONI, Alessandro. *On the Historical Novel*. Traduzido por Sandra Bermann. Lincoln (Estados Unidos): University of Nebraska Press, 1996.

SAPEGNO, Natalino. *Ritratto di Manzoni e altri saggi*. Roma (Itália): Laterza, 1992.

TELLINI, Gino. *Alessandro Manzoni*. Pisa (Itália): ICoN, 2009.

Esta edição de *Sobre o romance histórico* foi composta em LibreOffice em fonte Gentium Book Basic. Impressa no outono de 2012.